Jean Limosin

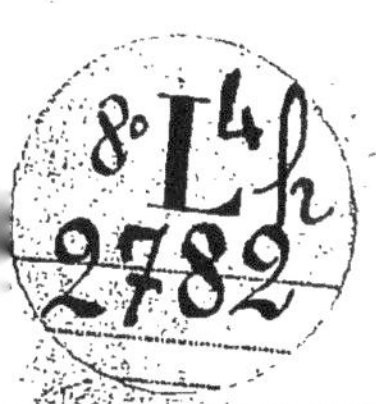

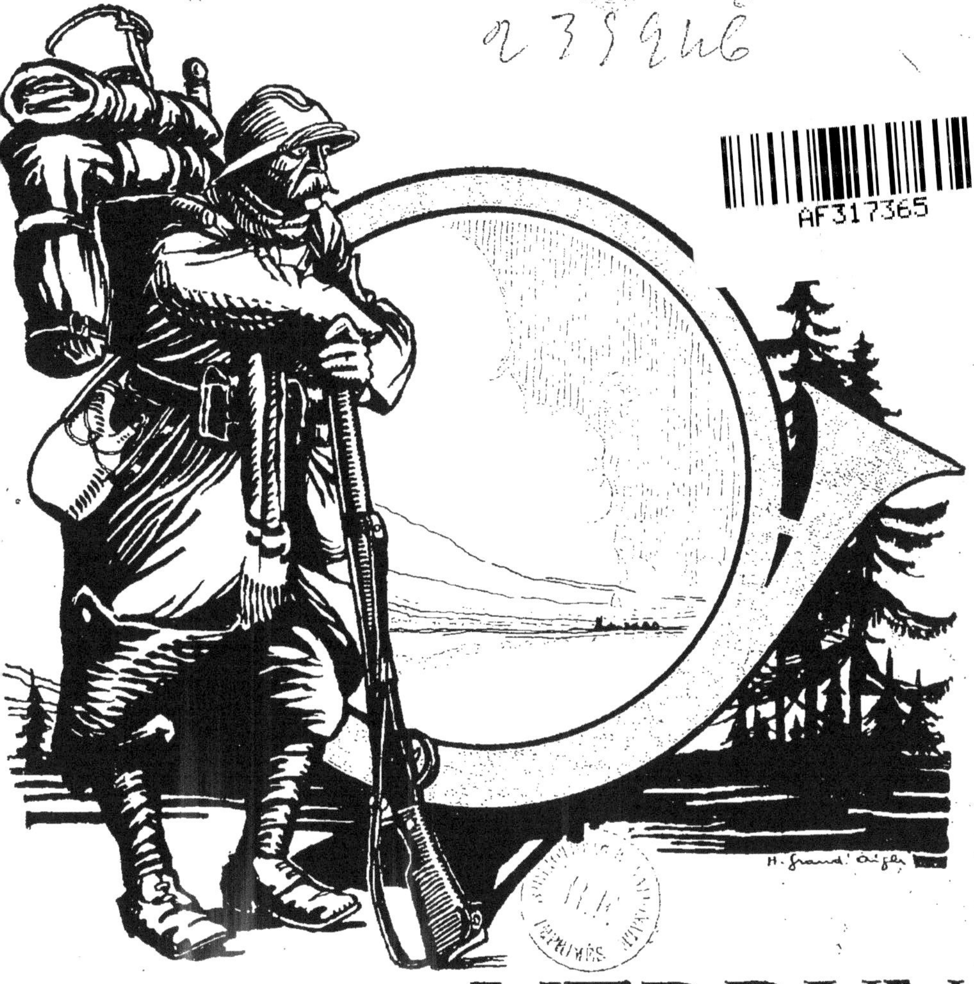

DE VERDUN A L'YSER

Paris Bonne Presse

Nouvelle Bibliothèque pour tous

HISTOIRE ET BIOGRAPHIES

Les Papes à travers les âges : *I. De saint Pierre à saint Hygin* (126 gravures)............................ E. Lacoste.
Le P. Vincent de Paul Bailly (1832-1912) (158 gravures). E. Lacoste.
Louis Veuillot (1813-1883) (122 gravures)............. François Veuillot.
Pantéléïmon (1793-1868). *Histoire d'un moine schismatique* (43 gravures)............................ Paul Christoff.
Michelle Collin (1812-1894). *Une chrétienne de nos jours* (23 gravures)................................ E. Dessiaux.

POUR LA JEUNESSE

Sainte Élisabeth (11 gravures)........................ Une Maman.

COLLECTION APOLOGÉTIQUE

Lourdes : *Les guérisons* (3 volumes) : 1ʳᵉ série (75 gravures); 2ᵉ série (50 gravures); 3ᵉ série (75 gravures). Dr Boissarie.
Le miracle permanent d'Andria (32 gravures). — Une gloire napolitaine, saint Janvier et le miracle (30 gravures) (2 volumes)........................ Léon Cavène.
Les Congrès eucharistiques et internationaux : 1ʳᵉ série : *Les Origines. De Lille (1881) à Paray-le-Monial (1897)* (136 gravures)................................ Auteurs divers.
Sur le front lorrain : *Notes d'un aumônier militaire* (66 gravures). — De Verdun à l'Yser : *Notes d'un aumônier militaire* (65 gravures) (2 volumes)...... Jean Limosin.

COLLECTION SCIENTIFIQUE

D'où venons-nous? (149 gravures). — Qui sommes-nous? (120 gravures). — Où sommes-nous? (111 gravures). — Où allons-nous? (91 gravures) (4 volumes)........ Abbé Th. Moreux.
La Cellule : *Son origine* (40 gravures)............... Dr abbé Maumus.
Les Merveilles de la vie végétale (95 gravures)....... A. Acloque.
Notre Pain quotidien (129 gravures).................. A. Rousset.
Comment le rail a vaincu la distance et l'altitude : *Les chemins de fer, leur développement des origines à nos jours, le rail* (102 gravures)................. Marcel Hegelbacher.

COLLECTION ARTISTIQUE

Pages d'Art chrétien (5 volumes) : 1ʳᵉ série, 101 photographies; 2ᵉ série, 90 photographies; 3ᵉ série, 120 photographies; 4ᵉ série, 80 photographies; 5ᵉ série, 65 photographies.................... Abel Fabre.
Des goûts et des couleurs : *Essai historique sur la couleur dans la peinture française* (70 gravures). Gabriel Marri.

Chaque volume in-8°, 2 colonnes, papier glacé, nombreuses gravures: broché, 1 franc; port, 0 fr. 25; relié toile, 1 fr. 50; port, 0 fr. 40. — Plus une majoration de 20 % sur le prix des livres brochés et de 33 % sur le prix des livres reliés.

5, RUE BAYARD, PARIS-VIIIᵉ, ET DANS TOUTES LES GARES

Jean **LIMOSIN**

DE
VERDUN
A L'YSER

Notes d'un Aumônier militaire

PARIS

5, RUE BAYARD, 5

AVANT-PROPOS

L'aumônier qui avait noté ses impressions de campagne *Sur le front lorrain* (1) a été invité à leur donner une suite. On a bien voulu lui dire que ses pages avaient intéressé, édifié, encouragé.

Il a donc détaché de son carnet de route quelques nouveaux feuillets, qui vont de juillet 1915 à octobre 1916, et *de Verdun à l'Yser*, en passant par un court repos en Champagne.

On y trouvera la même simplicité et la même franchise, avec un entrain que deux années de campagne n'ont pas diminué, Dieu merci !

J. L.

---

(1) **Sur le front lorrain,** *notes d'un aumônier militaire,* par Jean Limosin (chanoine G. Ardant) in-8°, 128 pages, 67 illustrations. Maison de la Bonne Presse.

I — ENTRE ARGONNE ET MEUSE

Nous avons vécu dans cette région du 15 septembre 1914 au 25 mars 1916. Tous ses villages, tous ses bois, tous ses chemins nous étaient familiers. Obscurs hier, ils sont devenus célèbres par les combats sanglants dont ils ont été le théâtre, ou dont ils ont répété les échos ; ils sont devenus sacrés par le sang généreux qui coula sur leur sol, par l'héroïsme de ceux qui les défendirent, pied à pied, pendant des mois. Peut-être aimera-t-on à les entendre décrire tels qu'ils étaient avant la bataille.

La partie de la ligne que défendait notre division s'étendait (avec quelques variantes, selon les époques) de la forêt d'Argonne à la rive gauche de la Meuse. C'était la forêt de Hesse, avec les vallées de la Buanthe, de la Couzances, du Vadelaincourt. Des villages étaient bâtis, çà et là, avec cette caractéristique des pays de « marches », que toutes les habitations se serraient autour du clocher. C'est à peine si on trouvait quelques fermes isolées, comme Verrières et Bertrameix.

La route nationale de Paris à Metz passe à Sainte-Menehould, aux Islettes, à Clermont-en-Argonne. Elle descend ensuite sur Vraincourt, Parois, Récicourt, Dombasle — au sud de la forêt de Hesse — et se rend à Verdun par Blercourt et Nixéville. C'était notre artère principale. De Parois, une autre route nous conduisait à Aubréville et dans la direction de Vauquois. De Dombasle, nous avions des chemins sur Brocourt et Brabant, sur Jouy, Sivry-la-Perche, Fromeréville, Bethelainville, Montzéville, Esnes. Parallèlement à la grande voie nationale, mais au nord de la forêt de Hesse, se trouve la route d'Avocourt à Esnes, qui lance des embranchements sur Haucourt, Malancourt, Béthincourt, Chattancourt, Cumières et Marre.

Le Bois-Bourru et le Bois-Bouchet se trouvent entre Marre, Bethelainville et Fromeréville. A l'ouest de Cumières est le Mort-Homme. La cote 304 occupe le centre du triangle formé par Esnes, Haucourt-Malancourt et Bethincourt.

Au nord de la forêt de Hesse, au delà de la Buanthe et de la ligne de Vauquois à Forges par Avocourt, Malancourt et Bethincourt, c'étaient les positions ennemies : bois de Cheppy, bois de Malancourt, Montfaucon, Cuisy, bois de Forges.

Les principaux cantonnements des brancardiers divisionnaires furent Dombasle, Récicourt, Parois, Brabant, Brocourt. Mais les aumôniers, pour être plus près des troupes, habitèrent aussi Montzéville et Bethelainville.

Bien que nous y ayons supporté deux hivers très pluvieux et beaucoup pesté contre la boue gluante des chemins, il faut reconnaître que le pays est pittoresque. Des hauteurs qui environnent Brabant, on voit les derniers contreforts de l'Argonne se terminer en brusque cassure derrière Clermont. J'allais souvent, à travers champs, de Brabant à Parois, et c'était encore un joli point de vue. La descente sur Récicourt et sur Dombasle ne manquait pas de charme. De la côte de Sivry, des sommets qui dominent Montzéville — et qui sont, je crois, la ligne de partage des eaux entre le bassin de la Seine et celui de la Meuse, — l'œil découvre un bel horizon.

Je me rappelle aussi de merveilleux levers et couchers de soleil, avec des nuances vertes et roses d'une variété merveilleuse. Je ne crois pas en avoir jamais vu de pareils. On nous disait qu'ils étaient dus à l'état hygrométrique de l'atmosphère.

La forêt de Hesse avait des futaies majestueuses et de frais taillis. Au printemps et en été, on aimait suivre ses « layons », qui formaient des allées ombreuses de charmes et de noisetiers. J'emploie à dessein le passé, car les nécessités de la défense ont fait couper beaucoup d'arbres, et le bombardement a déchiqueté les autres. Mais, en 1915, quels jolis chemins pour les piétons et les cavaliers ! Quand le temps était sec, on allait de Dombasle à Montzéville par le vallon du cimetière, à côté de la pièce contre avions, en traversant les bois, pour aboutir au vallon des sources. De Montzéville à Bethelainville, je prenais un sentier qui serpentait à travers champs, grimpait la colline en longeant le « cimetière des chevaux », puis redescendait l'autre versant en passant derrière Vignéville. Entre Montzéville et Esnes, nous franchissions la cote 310 ; c'était un beau point de vue, en face de Montfaucon ; mais on était sous le feu de Cheppy et du bois de Forges. Les voyageurs isolés ne risquaient pas trop, mais le moindre groupe de cavaliers ou de piétons était salué par quelque fusant. Nous eûmes assez souvent des blessés, et on finit par construire sur la crête une haie artificielle qui cachait nos mouvements à l'ennemi.

Nos belles Messes militaires d'octobre 1914 furent célébrées dans la clairière du « Rendez-vous de chasse ». C'était un point important de notre ligne. Le général de division y avait son poste de commandement. Les brancardiers y venaient, en réserve, pour la relève des blessés. C'est de là qu'on partait pour le « pont des Quatre Enfants » et pour le « Mont des Allieux ». Gracieux

au printemps, somptueux à l'automne, le paysage était désolé en hiver. Quels affreux chemins il fallait suivre ! Défoncés par les voitures de ravitaillement, pleins de fondrières, réparés tant bien que mal avec des rondins, ils mettaient à rude épreuve la patience des piétons et des conducteurs. Je me rappelle encore certains voyages de nuit, au temps de la prise de Vauquois, et quelques heures de bon sommeil sur le bas-flanc d'un poste de secours à peine installé.

Peu à peu, la région devint de moins en moins agréable, à cause du « marmitage » méthodique qu'elle subissait. On construisit des abris protégés par d'énormes troncs d'arbres. Le brave capitaine Ravaille, qui fut tué le 29 juin 1916, en Belgique, me montrait avec orgueil la « sape » profonde où il s'abritait, avec ses cartes et ses souvenirs de famille.

Un agréable souvenir de la forêt de Hesse, ce sont les Messes que j'allai célébrer en 1915 aux batteries, dont l'excellent Dr S... était le major. Pour être plus près de ses artilleurs, il ne voulait pas coucher au cantonnement et vivait dans les bois, comme un anachorète, se disant heureux de ce contact avec la nature, et priant

UN COIN DU « RENDEZ-VOUS DE CHASSE »

à la manière de saint François d'Assise. Un petit oiseau avait fait son nid à l'entrée de la cagna, et les cuisiniers avaient soin de lui fournir à boire et à manger. Après la Messe, dite au pied d'un grand arbre, et servie par le major, on prenait le « jus » en causant gaiement, puis je regagnais à travers bois Dombasle ou Montzéville.

D'autres Messes en plein air furent célébrées, les dimanches d'automne 1914, à la ferme Verrière, sur la lisière de la forêt. En 1915, de mars à novembre, nous assurions le service religieux dominical à Lambéchamp.

C'était l'extrémité des bois de Hesse, dans la direction de Montzéville. Du taillis, avec quelques arbres de haute futaie. Au printemps de 1915, on y contruisit des baraques pour loger plusieurs compagnies. Une longue avenue traversait le bois de part en part — d'une route à l'autre — l'avenue Verdet, du nom d'un capitaine de l'état-major qui avait eu l'initiative et activé les travaux de cette installation. A droite et à gauche, les logements des sections :

AU BOIS DE LAMBÉCHAMP

de bonnes cabanes de planches, bien closes, habilement aménagées. Çà et là, des baraques un peu plus ornées : l'infirmerie, le poste de commandement. On se contentait d'abord des chemins tracés sur le sol, mais, peu à peu, pour combattre la boue, on les recouvrit de rondins, voire même de pavages solides en blocs de grès. Mais les jardiniers étaient plus habiles encore que les paveurs, et leur fantaisie se donnait libre carrière. La mousse leur fournissait les motifs de décoration les plus variés. Ils surent dessiner des bordures, courber des branches d'arbustes, tracer d'élégantes corbeilles. Leur art se montra surtout dans la décoration de l'autel. On avait choisi un bel orme pour lui servir d'appui. En avant, le taillis avait été rasé, pour ménager une petite clairière, qui serait la nef du temple rustique. Quelques planches formaient la table, et restaient à demeure. Mais la décoration variait selon le zèle et le goût des compagnies présentes. Souvent les infirmiers ou quelques sous-officiers allaient cueillir dans les bois et dans les champs voisins des brassées de fleurs. Un artiste les disposait habilement, et la Messe était dite sur un vrai reposoir de fête-Dieu. En avant de l'autel, on avait tracé une corbeille qui, d'ordinaire, était fleurie à nouveau, chaque dimanche. Quand les fleurs manquaient, on y dessinait, en cailloux de diverses couleurs, un beau calice.

L'aumônier arrivait vers 8 heures avec sa chapelle de campagne. Tandis qu'il l'installait, son ordonnance ou un « bonhomme » complaisant faisait le tour du camp en agitant la clochette. C'était le signal, et de tous les abris on voyait sortir des poilus qui achevaient de se vêtir, car, le plus souvent, ils avaient travaillé toute la nuit et n'étaient rentrés qu'au petit jour. Les hommes se rangeaient. Il y avait toujours un petit groupe de chanteurs pour entraîner la masse. Et le célébrant n'avait pas de peine à trouver dans son cœur des paroles émouvantes qui précisaient encore la note religieuse et patriotique de cette cérémonie champêtre.

J'ai gardé de bons souvenirs de Lambéchamp : les confessions pascales, dans la baraque de l'infirmerie, avec le chanoine Porcier ; une Messe de communion, par un matin clair et froid, dans un coin du bois, pour un petit groupe réuni par l'infirmier séminariste S...; un déjeuner cordial dans une popote. Un samedi, je venais annoncer, au commandant Mano, la Messe que je comptais célébrer le lendemain.

JOUR DE CONFIRMATION A RÉGICOURT

— Monsieur l'aumônier, me dit-il, je me suis confessé au début de la campagne; j'en ai éprouvé tant de paix et de joie que je veux recommencer.

Et il se mit aussitôt à genoux pour réciter le *Confiteor*. Peu de temps après, promu lieutenant-colonel, il était tué, en Argonne, le jour même où il prenait son commandement.

Lambéchamp n'était pas non plus, hélas! à l'abri des coups de l'ennemi. Un dimanche, après la Messe, nous entendîmes le fracas d'une bombe d'avion, qui, par bonheur, ne toucha personne. Mais, un peu plus tard, quand les arbres dénudés protégèrent moins le campement, un bombardement fut assez meurtrier.

Un peu derrière Lambéchamp, il y eut pendant quelques semaines un camp de « travailleurs civils ». Un des majors de l'ambulance de Montzéville s'y rendait chaque matin pour la visite, avec une voiture qui ramenait parfois un fiévreux. J'accompagnai, un jour, le major M... par un beau temps de gel et de neige. Le bois était splendide sous sa parure blanche. Devant la tente « marabout » qui servait d'infirmerie, un brasero réchauffait les clients du docteur. C'étaient des épaves de la grande ville : vieux ouvriers sans travail, Algériens, Espagnols attirés par l'espoir d'un salaire assez élevé. Je les vis défiler, mal vêtus, découragés, se plaignant du travail trop dur, du climat trop rude, des chefs d'équipes trop intéressés, de la paille insuffisante. A côté du bagou parisien, on entendait de vagues charabias. Mon impression était que ces « travailleurs » ne devaient pas travailler beaucoup. Je me rappelle cependant un brave Parisien de Montrouge qui vint faire soigner à l'ambulance une pneumonie. Il semblait bien désireux de reprendre sa tâche. C'était le chômage qui l'avait forcé à quitter sa famille; il me pria d'écrire à sa femme.

Parmi les bois de notre région, je citerai encore les bois Bourrus et Bouchet. Nous les traversions pour aller à Fromeréville. Lièvres et lapins y abondaient et trottaient, insoucieux, parmi les fils de fer barbelés ou le long des tranchées qu'on avait ouvertes sur les lisières. Au début de la grande bataille, on nous disait que c'était le principal centre de résistance de la rive gauche. L'artillerie y avait installé un grand nombre de batteries. Le chanoine Payen, aumônier du VII⁰ Corps, les visitait souvent et nous donnait de leurs nouvelles.

Le « bois Camard » était bien modeste. Nous le longions pour aller d'Esnes à Haucourt. Il était sur la droite de la route et sur le versant occidental de la cote 304. Cette situation lui donna son heure de célébrité au moment de la défense mémorable du célèbre sommet. Mais je suppose que du pauvre bois Camard il ne reste pas beaucoup d'arbres.

Le « bois Carré » a sans doute aussi perdu les siens. Il était situé entre Haucourt et Béthincourt. J'y avais fait, le 9 novembre, une visite intéressante en compagnie du médecin principal qui allait en examiner les eaux. Nous étions partis d'Esnes à pied, avec le médecin-chef du ...⁰ d'infanterie, un aimable docteur de Fontainebleau qui, en cheminant, nous parlait de son ami G. d'Esparbès. Aux passages dangereux, en vue de l'ennemi, notre groupe s' « égaillait » un peu, mais sans interrompre la conversation. Au bout d'un moment, nous prîmes le « grand boyau » profondément creusé et sagement pourvu de pare-éclats. C'était un gros travail réalisé par nos fantassins : il leur permettait de faire les relèves avec plus de sécurité. Par malheur, la pluie, qui fut si abondante pendant l'hiver 1915-1916, le remplit de boue et provoqua même de nombreux éboulements de ses talus. J'admirai, à la traversée du ruisseau de Forges, les gabions remplis de terre qui flanquaient la passerelle et la dérobaient à la vue des Boches. Le bois lui-même avait des abris profonds pour les officiers et pour les hommes. L'infirmerie du bataillon était bien installée. C'était presque une zone sûre. Il n'y venait guère de grosses marmites. On n'entendait que le sifflement fréquent des balles dans les branches.

LE BOIS ÉTAIT SPLENDIDE SOUS SA PARURE BLANCHE

***

Après les bois, les villages.

Notre centre principal fut Dombasle-en-Argonne, entre Verdun et Clermont. La division y résida longtemps, et même quand elle était installée à Récicourt ou à Montzéville, Dombasle restait capitale. Il y avait le chemin de fer, la poste civile où le communiqué était affiché, des épiceries bien achalandées où l'on s'approvisionnait quand on ne pouvait pas aller jusqu'à Verdun. C'était aussi l'entrepôt des journaux. On les avait de grand matin, car ils arrivaient pendant la nuit, chez une bonne femme qui en était dépositaire. Elle habitait au fond d'un jardin et ne faisait guère de publicité, je vous assure, pour attirer la clientèle. Mais on était si friand de nouvelles, qu'on avait bien vite découvert le petit dépôt. Les premiers temps, un journal se payait o fr. 10, et le gain des vendeurs était fort honnête. Mais dans la

suite, l'autorité militaire réglementa cette vente et défendit de dépasser cinq centimes.

L'ambulance de Dombasle nous attirait aussi, car c'était sur elle que beaucoup de nos blessés étaient dirigés. C'était un petit « centre chirurgical ». L'église recevait les malades et les blessés légers. On y avait réservé une petite place pour le culte, et bien que le spécialiste du larynx fût installé dans le sanctuaire, les infirmiers prêtres pouvaient célébrer de grand matin, et le dimanche, les paroissiens assistaient à la Messe sur les bancs qu'on leur avait ménagés dans la partie centrale de la nef qu'isolait une clôture en toiles de tentes. Dans une ancienne grange, bien aménagée par le lieutenant F..., de la scierie, reposaient les blessés légers. Enfin, la grande chirurgie avait été installée plus loin, place de la Mairie, avec une salle d'opération bien éclairée à l'électricité. M. le curé de Dombasle s'occupa avec zèle de l'ambulance tant qu'il demeura dans sa paroisse. Comme il nous était impossible de faire nos offices militaires dans l'église,

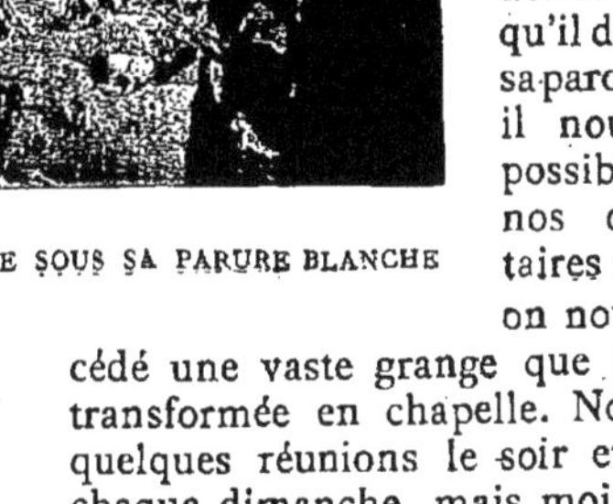

on nous avait concédé une vaste grange que nous avions transformée en chapelle. Nous y eûmes quelques réunions le soir et des Messes chaque dimanche, mais moins brillantes et moins fréquentées que dans les autres cantonnements, sauf pour quelques grandes fêtes, où nos brancardiers artistes préparèrent de vraies solennités musicales.

Nous avions aussi, dans la maison de la bonne Sœur qui s'occupait des malades de la paroisse, une chambrette où nos prêtres brancardiers disaient leur Messe quotidienne et se réunissaient le soir.

Le reste du village était composé de maisons basses, d'écuries et de granges à peu près alignées sur les diverses routes ou groupées autour de l'église et de la mairie. Une villa assez élégante, qu'on appelait « le château », servait de résidence aux généraux de corps ou de division. Nous avions fait à Dombasle des séjours assez brefs, fin septembre et mi-octobre 1914. Les brancardiers divisionnaires y vinrent le 4 juin 1915 et y restèrent jusqu'à la bataille de Verdun. Mais les aumôniers n'y étaient qu'à tour de rôle jusqu'en octobre. Ensuite, résidant plus près des lignes, ils n'y vinrent plus que le dimanche, pour la Messe militaire.

Comme la plupart des villages de cette région, Dombasle avait sa scierie. Elle était dirigée par l'aimable lieutenant F... C'était un centre de travail intense. Equipes de jour et équipes de nuit préparaient sans relâche les boiseries variées des tranchées et des abris, les caisses de munitions, les lits d'ambulance, les planches de cercueils. Dans son petit bureau, qui fleurait bon le sapin et qu'agitaient les coups de piston des moteurs, le lieutenant recevait de nombreux amis : l'adjudant B..., le commissaire de la gare, quelques majors, quelques officiers d'artillerie. On causait agréablement, on échangeait des « tuyaux », on se prêtait des revues et des livres.

La vie aurait été calme à Dombasle, sans les fréquentes visites des avions boches qu'attiraient, sans doute, l'activité du ravitaillement autour de la gare et la présence des états-majors. Les premiers bombardements terrorisèrent la population civile. Je me rappelle être allé de grand matin, le 6 juin 1915, dire une Messe pour les artilleurs, à la position de la Buanthe. Comme je quittais Dombasle, j'y voyais revenir des femmes et des enfants qui étaient allés passer la nuit dans les bois voisins. Peu à peu, on s'accoutuma au danger. Quand les « tauben » étaient signalés, on descendait à la cave. Les divers services construisirent des abris de bombardement. Quelques maisons furent incendiées par les projectiles. Un vieillard, deux jeunes filles périrent. Un de nos tringlots qui reposait, après son travail, dans le grenier à foin de son écurie, fut tué pendant son sommeil ; les chevaux ne reçurent que quelques éclats. Régulièrement, quand les bombes tombaient, le général se promenait dans son jardin, et le petit lieutenant T..., de l'état-major, circulait dans les rues, en flâneur. C'était pour « maintenir le moral de la garnison ».

Récicourt fut aussi quelquefois bombardé. Le 1er septembre 1915, un avion lança quelques projectiles, dont le premier éclata sur la route, devant l'armurerie divisionnaire. Il y eut des morts et des blessés. J'échangeai quelques lettres avec leurs familles, douloureusement surprises par les tristes nouvelles : les armuriers étaient loin de la ligne de feu, on ne s'inquiétait pas pour eux. Et ils étaient frappés comme les autres !

Parfois aussi, un obus arrivait dans les champs voisins. Le village n'était guère qu'à 10 kilomètres de l'ennemi, qui semblait vouloir rappeler parfois sa présence. Mais nous n'y eûmes pas de bombardement sérieux avant la bataille de Verdun. Après la chaude alerte des premières semaines de la guerre, où les Boches étaient venus et avaient emmené le curé comme otage, le calme avait de nouveau régné. Les habitants, rassurés, étaient revenus à leurs occupations : la scierie importante reprenait son activité, avec le concours de nos brancardiers; on cultivait les champs; on vendait aux soldats de l'épicerie, du lait, des œufs, des légumes. Dans les deux longues rues parallèles qui forment à peu près tout le village, militaires et civils allaient à leurs occupations respectives. Sur les rives du Vadelaincourt, on lavait du linge, on abreuvait les chevaux.

L'église de Récicourt était la plus vaste de nos divers cantonnements. C'est là que nous eûmes nos réunions les plus nombreuses. Le curé en était ravi et déclarait n'avoir jamais vu son église si bien remplie. Quand il fut mobilisé, le curé d'Avocourt le remplaça et nous assura le même concours bienveillant et le même dévouement à nos soldats.

A Brabant, l'église, de proportions plus modestes, dominait le village et la vallée de la Couzances. Ce fut pour nous un centre religieux important. Campé à la sacristie, je recevais tout le long du jour les visites de nos braves poilus. Nos réunions du soir étaient brillantes.

Elles le furent moins à Brocourt, où les brancardiers étaient à peu près seuls à cantonner en décembre 1914 et en juin 1915. Dans l'église, petite et gracieuse avec son sanctuaire ancien, nous ne groupions guère que quelques dizaines de soldats, mais les civils venaient plus nombreux qu'ailleurs. De bonnes Lorraines, pieuses et vaillantes comme Jeanne d'Arc, aimaient à prier avec nous. Quand je fis la collecte de l'or, elles m'aidèrent à faire vider les bas de laine.

Brocourt fut célèbre par son « dépôt d'éclopés ». L'aide-major R... en avait été chargé et s'y dévoua avec un zèle et une ingéniosité remarquables. Il faut avoir vu — avant et après — les chambres de ferme, les cuisines, les écuries et les granges pour savoir les merveilles de transformation qui peuvent s'accomplir sous une direction intelligente. Des appentis sordides devenaient d'agréables chambrettes dont les murs bien blancs s'ornaient de gravures artistiques. Des hangars à demi abandonnés se revêtaient de paillassons habilement tressés, se divisaient en chambrées séparées par des portières. Les « éclopés » travaillaient volontiers à embellir leur séjour, et comme, parmi eux, tous les métiers étaient représentés, le directeur avait à sa disposition une main-d'œuvre variée autant qu'abondante. On fabriquait des lits, on installait des bains-douches, on réalisait même le « brancard de tranchées » inventé par le médecin principal Barthélemy.

C'était pour nous un plaisir de visiter le dépôt et de nous asseoir à la table hospitalière du jeune médecin-chef qui faisait popote avec des officiers automobilistes, forestiers, artilleurs. Quelle bonne et franche gaieté! Que de joyeuses chansons, depuis celle du « petit ébéniste » jusqu'aux couplets d'actualité inspirés par quelque incident pittoresque de la vie journalière!

Un après-midi, le 21 octobre 1915, j'étais venu à Brocourt pour faire une réunion à l'église. Mes amis me dirent :

— Restez donc dîner avec nous. Vous verrez un invité peu banal, qui nous tombe du ciel, littéralement. C'est un aviateur qu'une panne a contraint d'atterrir ici.

Je me laissai aisément persuader et je fis ainsi la connaissance d'un jeune officier, simple, modeste, aimable. On lui aurait donné vingt-cinq ans à peine. Il portait la Légion d'honneur et la croix de guerre à plusieurs palmes. C'était le lieutenant de Beauchamp, le même qui, promu capitaine, devait, moins d'un an après, réussir les raids audacieux sur Essen et sur Munich, puis se faire tuer dans un combat aérien près de Verdun.

Montzéville fut un autre de nos centres. Nous y habitâmes à tour de rôle, d'avril 1915 à mars 1916, en changeant tous les huit jours, — c'était la relève des aumôniers. De là, nous pouvions assurer le service religieux à Esnes, à Bethelainville, à Lambéchamp. Nous y avions aussi l'ambulance 7, la plus proche du front, où passaient la plupart de nos blessés et malades.

Le médecin-major M..., qui la dirigeait, nous recevait aimablement à sa popote, où nous rencontrions un groupe d'hommes distingués et de relations fort agréables. La paroisse était sans curé. L'église était occupée par l'ambulance. Nous avions transformé en chapelle le grenier du presbytère et sa grange nous servait pour la Messe solennelle du dimanche. Les « civils » fréquentaient nos offices solennels, y compris les Vêpres. Nous visitions les malades. Je fis même un mariage, un baptême et quelques enterrements.

Grâce au zèle de l'abbé C..., qui ne fut ordonné prêtre qu'un peu plus tard et que ses fonctions de maréchal des logis de l'escorte laissaient assez libre pour nous aider, nous pûmes préparer à la première Communion et à la Confirmation un bon nombre d'enfants.

Les réunions du soir ne furent jamais très nombreuses à Montzéville; le grenier s'y prêtait peu, mais la ferveur y était grande, ainsi qu'aux Messes matinales. Un jeune Père Jésuite, brancardier de mitrailleurs, dont la parole était très goûtée, nous secondait efficacement et nous remplaçait quand nous étions absents.

C'est à Esnes, en effet, que nous nous rendions presque chaque soir. L'église était une des plus belles du pays. Le cantonnement, fort important, se trouvait plus proche des tranchées. Jusqu'au 26 août 1915, l'abbé Cau, maréchal des logis d'artillerie, avait fait fonctions de curé. La population civile l'appréciait autant que les soldats l'aimaient. Il fut un des plus précieux collaborateurs des aumôniers. Grâce à lui, nous pûmes organiser l'école, faire les catéchismes, assurer le culte et le ministère, jusques et y compris la quête pour le denier du clergé. Quand son groupe fut relevé, nous dûmes venir plus souvent à Esnes. Les prêtres soldats et brancardiers nous secondèrent d'ailleurs avec beaucoup de bonne volonté.

Quels bons souvenirs nous ont laissés ces braves gens d'Esnes : la famille S..., proche parente de M⁛ l'archevêque de Cambrai, et le brave adjoint F..., qui demandait toujours « si la guerre serait bientôt finie », et la mère P..., si obligeante pour les poilus, et les braves petites C..., si pieuses et si dévouées! Pour les « civils », quelques bancs étaient réservés dans l'église, l'armée occupait tous les autres, et parfois l'affluence était si grande que beaucoup d'hommes restaient debout et même refluaient jusque sur la place.

Bethelainville passait pour l'émule d'Esnes : bonne renommée des familles, large aisance, esprit chrétien. C'était aussi une petite ville plutôt qu'un village. La belle église attestait les sentiments religieux et la générosité de la population, et avait des airs de petite cathédrale. Nous y fîmes une de nos premières réunions en septembre 1914 et de très belles en décembre 1915, janvier et février 1916.

La présence d'un régiment breton nous valut des auditoires magnifiques. Ce fut presque une petite mission. Le brave sacristain Husson était pour nous un véritable ami. Il s'entendait à merveille avec Caillol. Le matin, après la Messe, on allait prendre chez lui le premier déjeuner. On causait avec l'officier qu'il logeait : le comman-

dant de Bray, le commandant Julie. On parlait de la guerre, mais aussi de la culture des champs, de nos cérémonies, des braves troupiers qui venaient acheter du lait ou se chauffer un moment au coin de l'âtre.

Nous avons passé aussi quelques semaines à Parois, dans la boue et l'humidité. C'était un des moins agréables villages de la région. Nous y revînmes souvent pour des réunions, de Brabant ou de Récicourt. A Jouy-devant-Dombasle, quelques allocutions seulement. A Rampont, que les Boches avaient à demi brûlé, nous allâmes quelques dimanches dire la Messe aux artilleurs du Parc. A Fromeréville, nous ne fîmes que quelques visites, notamment pour la Confirmation. A Sivry-la-Perche, nous passâmes deux nuits.

Béthincourt et Avocourt brûlaient quand nous y vînmes, de nuit, pour une relève de blessés. Les cartouches oubliées dans les maisons éclataient comme les pétards d'un feu d'artifice. Quelques animaux domestiques erraient dans les rues. Une bonne vieille demandait à manger. Malancourt et Haucourt étaient déjà en ruines. Deux ou trois maisons seulement restaient debout. Marre, Cumières et Chattancourt étaient au contraire encore épargnées. Nous y fîmes quelques offices en 1914. Mais ce fut ensuite une autre division qui occupa ce secteur et nous n'eûmes plus l'occasion d'y revenir.

II — VERDUN AVANT LA BATAILLE

J'ai souvent pensé, depuis que la guerre m'a fait vivre dans la Meuse, aux deux premiers voyages que je fis à Verdun.

Ce fut d'abord en février 1908, pour entretenir M⁛ Dubois des œuvres de la Bonne Presse. Visite rapide qui m'avait laissé peu de souvenirs en dehors de l'aimable accueil du prélat dans le vieil évêché imposant qu'il habitait encore. Je me rappelais aussi le distingué chanoine Delabar, alors secrétaire particulier, aujourd'hui vicaire général de l'archevêque de Rouen, — et le valet de chambre, un brave et digne garçon qui a été tué à l'ennemi il y a quelques mois. J'avais enfin visité mon

aîné de Saint-Sulpice, M. Mauçotel, supérieur du Grand Séminaire, et mon cadet, l'abbé Basinet, qui, dès ce temps-là, s'occupait activement d'œuvres militaires; nous devions nous retrouver souvent pendant la guerre.

En juin 1914, je revins à Verdun pour l'intronisation de M⁛ Ginisty. Parti de Paris avec le nouvel évêque et quelques amis, je vis l'imposant et enthousiaste cortège qui se forma à la gare, entourant et suivant la voiture épiscopale. On passa devant le monument du siège de 1870, on entra par la porte Saint-Paul, en avant de laquelle se tenait un peloton de hussards,

— qu'une très inutile précaution de police destinait à maintenir l'ordre, mais qui semblaient placés là pour rendre les honneurs. Par la rue Saint-Pierre, la place d'Armes et la rue de la Belle-Vierge, on se rendit chez l'archiprêtre, puis à la cathédrale où se déroula solennellement la cérémonie de l'obédience du clergé, suivie de l'allocution du nouveau pontife et du salut solennel. Quand le prélat fut reconduit à sa demeure, place du Gouvernement, la police eut la fâcheuse idée d'établir des barrages. Il y eut quelques bagarres et des arrestations : ce n'était pas encore l'union sacrée. Mais déjà Mgr Ginisty avait conquis les cœurs de ses diocésains que les épreuves de la guerre devaient lui attacher encore davantage.

Le soir même, par la route d'Etain, je me rendais en automobile à Homécourt pour visiter mon cher cousin, Antoine S... Il me montrait les immenses aciéries auxquelles il consacrait sa belle intelligence et son étonnant esprit d'organisation. Il m'indiquait la frontière toute proche, « là, derrière ces arbres », vers Sainte-Marie-aux-Chênes. Il me disait ses projets « au cas où la guerre éclaterait ». Mais ni l'un ni l'autre nous ne pensions que ce fût si tôt. J'étais loin de prévoir que ce beau jeune homme allait reprendre dans quelques semaines ses galons de capitaine d'artillerie, pour mourir au champ d'honneur. Le lendemain matin, il me reconduisait à Verdun. Je revoyais les vastes casernes, les petites villas habitées par des ménages d'officiers. Les troupes en manœuvre encombraient tous les chemins..... C'était plaisir de voir s'affirmer ainsi la puissance militaire de notre pays et la vigilance de ses sentinelles de l'Est.

Le mardi 15 septembre 1914, notre division s'étant portée en avant de Bar-le-Duc, sur la région de Verdun, nous arrivions, par Beauzée et Osches, au Moulin-Brûlé, près de Nixéville. Nous n'étions guère qu'à 10 kilomètres de la place, et, au soleil levant, les tours de la cathédrale se détachaient à nos yeux sur l'horizon.

Jusqu'au 25 mars 1916, nous avons cantonné et circulé dans la zone « entre Argonne et Meuse », comme disaient les communiqués, de Malancourt, Béthincourt et Cumières, au Nord ; à Clermont, Ville-sur-Couzances et Rampont, au Sud. Verdun était notre grande ville, notre centre de ravitaillement religieux, intellectuel et alimentaire. Plus proche que Bar-le-Duc, les occasions pour s'y rendre étaient plus fréquentes, les moyens de locomotion plus nombreux et plus variés.

Dans les premiers mois cependant, c'était une grande affaire que d'aller à Verdun. Il fallait des autorisations personnelles, précises, motivées. Nous répétions en riant, avec une variante, le vieux mot latin : *« Non licet omnibus adire Virodunum.* Ne va pas qui veut à Verdun ! » Les privilégiés qui obtenaient un laissez-passer étaient enviés par leurs camarades et accablés de « commissions ». Je me rappelle quelques-uns de ces voyages des temps héroïques.

Le premier fut pour accompagner un convoi de blessés qui partait de Marre. Nous n'avions encore que des voitures à chevaux. L'allure était lente. Il faisait chaud, ce 17 septembre 1914. Les blessés se plaignaient de la soif. Comme ils étaient changés, les abords de cette gare que j'avais vus si joyeusement animés, trois mois auparavant, pour l'arrivée du nouvel évêque ! Les vastes tentes de l'hôpital d'évacuation avaient envahi la chaussée. On ne rencontrait que majors, infirmiers, dames de la Croix-Rouge. Les trains sanitaires encombraient les voies. Partout, le spectacle de la guerre et de ses victimes. Je m'estimai heureux de pouvoir acheter quelques journaux, vieux de deux ou trois jours ; nous étions si avides de nouvelles et si mal renseignés !

Mon second voyage à Verdun fut tragique. Le mardi soir 20 octobre, je revenais de Parois où j'avais fait un office militaire. En arrivant à Dombasle, j'appris que le Conseil de guerre avait condamné à mort deux soldats. L'exécution devait se faire le lendemain à la première heure. Mon confrère, M. l'abbé Castelin, voulut tenter une démarche auprès du général Sarrail qui commandait alors notre armée. Peut-être y avait-il encore une chance de sauver la vie de ces malheureux. Plusieurs officiers nous encouragèrent. Le médecin principal nous fit donner une voiture sanitaire à deux chevaux et, au commencement de la nuit, nous partions pour Verdun, où se trouvait encore le quartier général. Triste voyage. Malgré les couvertures, le froid se faisait sentir et l'insuccès probable de notre tentative nous angoissait. Comme elle était lugubre, la ville guerrière, par cette nuit d'automne! Après avoir franchi sans trop de difficultés le pont-levis et la porte Saint-Paul, nous errions à travers les rues demi-obscures, mal renseignés sur la résidence du général, interrogeant les postes de police et les factionnaires, sonnant aux entrées des maisons. Il nous fut impossible d'aborder le commandant d'armée et nous reprîmes tristement le chemin de Dombasle pour aller, quelques moments après, accomplir notre « douloureux devoir » en assistant les condamnés que nous n'avions pas pu sauver. L'exécution se fit à 6 h. 3o, dans les champs, à l'entrée de Récicourt.

Le 3 novembre 1914, j'obtins du général de brigade, qui était avec nous à Marre, un laissez-passer pour Verdun. Le médecin auxiliaire L..., alors notre « popotier », était autorisé à m'accompagner. Dans la voiture d'ambulance montait encore un « bonhomme » délégué par l'adjudant des brancardiers à toutes fins de ravitaillement et d'amélioration de l' « ordinaire » qui manquait un peu de variété. A la sortie de Marre, le poste de police examina soigneusement nos papiers qu'il trouva en règle et nous prîmes un petit chemin de terres qui nous conduisit sur Thierville, en passant par l'équarrissage et en laissant Charny à notre gauche.

A Thierville, premier arrêt devant une épicerie importante. L... se précipite dans la boutique et rafle tout ce qu'il peut : sardines, bougies, pâtes alimentaires, légumes secs. La demande est supérieure à l'offre. Au lieu de « faire l'article », le négociant se défend. Il peut bien livrer dix kilos de fromage, mais pas un gramme de plus. Il a d'autres clients à servir. Les engagements doivent être tenus. L... discute avec une verve toute méridionale ; il serre contre son cœur les provisions qu'il a choisies ; il déclare qu'on lui prendra la vie plutôt que de l'en déposséder ; il m'appelle à la rescousse ainsi que le conducteur.

Tout finit par s'arranger et nous repartons, fiers de ce premier butin. Nous dépassons la gare et nous entrons en ville, par la porte Saint-Paul, sous l'œil sévère du sergent de garde qui a examiné nos papiers et constaté notre identité. Après la sous-préfecture et la poste, voici le quartier du commerce, la fameuse rue Mazel, dont les étalages font ouvrir de grands yeux aux poilus que nous sommes. La voiture sanitaire se range sur la petite place, près des Halles, et nous partons en chasse, — la chasse aux « commissions ». La liste générale a été divisée selon les aptitudes. Je m'occuperai des rayons de librairie et de papeterie. Le médecin auxiliaire se chargera des articles de toilette et des comestibles ; les deux brancardiers le suivent pour porter d'innombrables paquets qu'on centralise dans un magasin où la voiture viendra les enlever. De porte en porte, il faut réclamer et presque arracher la marchandise. Je dois prêter mon concours pour le ravitaillement en chocolat. On ne vend à chaque acheteur qu'une quantité limitée. Il nous faut donc nous présenter isolément, l'un après l'autre, chez le marchand pour réunir une provision assez restreinte.

Le papier à lettres et les articles de bureau sont un peu plus abondants. Chez Mme Latrompette, comme chez M. Collardel, on est servi avec bonne grâce, mais les clients sont si nombreux qu'il faut faire la queue.

La matinée se passe ainsi. J'ai encore le temps d'aller à la sous-préfecture lire le communiqué, puis à la poste rédiger quelques télégrammes. Nous sommes toujours dans la période où la correspondance militaire est lente. On est heureux de pouvoir envoyer aux familles des nouvelles qui arriveront plus vite.

L... va déjeuner au « Coq hardi » ou au Cercle militaire. Je me rends à l'évêché et je me mêle au petit groupe de prêtres meusiens qui venaient offrir à Mgr Ginisty leurs vœux de fête. Echange cordial et simple de souhaits que les circonstances rendaient émouvants. Le cher évêque me reçoit aimablement à sa table. Depuis son entrée à Verdun, depuis le Congrès de Lourdes où je l'avais revu, que d'événements s'étaient succédé. Nous causons de son diocèse, de l'armée, de la France. Je lui parle de ses paroisses que je visite et de l'édification que me donnent prêtres et fidèles.

Il me communique quelques nouvelles générales. Le temps nous paraît court, mais il me faut déjà songer au départ. Nous devons rentrer au cantonnement avant la nuit, et notre véhicule, très chargé, avancera lentement.

Encore quelques achats. Du pain blanc : ce sera un régal pour la popote qui ne connaît que la « boule » et qui n'a pas encore trouvé le secret très simple de transformer, en le mettant au four, le pain dur en pain frais.

*
* *

Avec le temps, les voyages à Verdun devinrent plus faciles. Tantôt les officiers d'administration y allaient pour le ravitaillement des popotes ou de leurs formations. Tantôt, une auto de la division devait s'y rendre, qui acceptait aisément un voyageur à côté de l'officier de liaison ou de l'estafette chargée de divers achats. C'était encore une ambulance qui faisait blanchir ses draps « en ville » et envoyait chaque semaine la « voiture du personnel » pour accompagner le fourgon et le sous-officier chargé de la lingerie. Parfois, on partait en voiture et on revenait à pied. Ou bien on rencontrait dans une boutique de la rue Mazel un aimable officier qui s'écriait :

— Ah ! Monsieur l'Aumônier, je vous enlève ! J'ai une auto. Je sais que vous êtes bon marcheur, mais, tout de même, je vous mettrai plus vite à Montzéville ou à Esnes pour votre réunion de ce soir.

Les courses à Verdun étaient aussi plus agréables. Le service des colis postaux, mieux organisé, nous procurait à peu près tout ce qui nous était utile. Les magasins, abondamment fournis, offraient sans restriction leurs marchandises variées. On avait à la fois moins de commissions à faire et plus de facilité pour s'en acquitter. C'était un livre nouveau à rapporter avec des fournitures de photographie. C'était le « portrait » de Caillol à retirer des mains de l'artiste qui opérait pour MM. les militaires avec ressemblance garantie. C'était encore un obus en chocolat ou une boîte de dragées que le médecin-chef voulait faire expédier à ses enfants, des madeleines de Commercy dont un « popotier » souhaitait régaler ses convives.

Les rues de Verdun étaient très animées, spécialement la rue Mazel et les voies attenantes. Pendant les premiers mois,

surtout, l'affluence était considérable d'officiers de toutes armes, de majors, d'infirmières. Nos godillots lourds et boueux avaient triste mine parmi tant de bottines vernies. Mais nous étions sans vergogne et nous savions remettre à leur place les mauvais plaisants.

— Ah ! vous êtes de la 29e division, disait un élégant à un de nos amis. Mais, qu'attendez-vous donc pour prendre Montfaucon ?

— Que vous soyez venu nous aider.

Quand le quartier général de l'armée fut transféré à Sainte-Menehould, quand les ambulances furent supprimées, on rencontra moins d'uniformes. Les relations étaient plus rares avec l'état-major de la région fortifiée, et celui-ci avait un personnel plus restreint.

La population civile était flottante. Avant la bataille de la Marne et après le premier bombardement, beaucoup de familles étaient parties qui revinrent, puis repartirent. C'étaient surtout les commerçants qui étaient restés, retenus par leurs affaires, dont la prospérité faisait oublier les dangers courus.

Jamais le négoce de la ville n'avait connu pareille aubaine. L'alimentation en première ligne, mais aussi le vêtement, la chaussure, la quincaillerie, la papeterie recevaient d'innombrables clients. Rien que la vente des journaux était énorme. Jamais le Comité de la *Croix*, que dirige avec tant de zèle M. le chanoine Basinet, n'avait atteint un si beau chiffre de numéros quotidiens. Je vois encore un magasin d'ornements d'églises où j'avais rédigé mes télégrammes le jour de l'intronisation de Mgr Ginisty. Il était transformé, depuis la guerre, en boutique de presse et vendait de gros paquets de périodiques.

J'aimais bien quitter le centre actif et bruyant des affaires, m'évader de la cohue des autos, fourragères, voitures d'ambulance et bicyclettes, pour visiter les autres quartiers de la ville, d'une tranquillité si provinciale : la place d'Armes, qui n'avait rien de belliqueux ; la place du Gouvernement, avec ses beaux ombrages et son vieux puits ; celle de la Magdelaine, où l'herbe poussait librement. Et la rue Mautroté, si paisible, entre ses façades de couvents. Et les vieux degrés tortueux qui montent à la cathédrale, noblement campée en terrasse et dominant toute la cité; et le faubourg Saint-Victor, où je surprenais mon ami, l'abbé Rampont, catéchisant ses petits paroissiens dans sa belle et vénérable église.

Les quais de la Meuse offraient aussi de l'intérêt, avec de vieilles maisons dominant la rivière, et la porte de la première enceinte dont les créneaux et les mâchicoulis étaient si bien conservés; et le cercle militaire à l'imposante façade; et la statue de Chevert, fièrement campée sur la place, pour apprendre aux défenseurs de Verdun comment on doit « tenir ».

Comme toutes les villes fermées dans une étroite ceinture de remparts, Verdun manquait de larges espaces. Ses monuments et ses maisons semblaient se serrer pour occuper le moins de terrain possible. Ses rues étaient étroites et ses places de proportions réduites. Mais l'ensemble ne laissait pas d'être harmonieux.

Un jour, l'évêque me conduisit à une petite villa qu'il possède sur la côte Saint-Barthélemy, vers la maison de campagne du Séminaire. Le point de vue est fort beau. On aperçoit toute la ville tassée, ramassée dans son enceinte, mais jetant au loin, par-dessus fortifications, murailles et fossés, ses casernes, ses faubourgs, ses jardins, sans atteindre encore la première ceinture de ses ouvrages de défense. C'est Belleville, c'est Thierville, c'est Regret, c'est Glorieux — il y avait déjà de la gloire autour de Verdun. Au retour, pour gagner la poterne qui devait nous ramener vers la rue Mazel, nous passions devant les énormes terre-pleins de la citadelle, dont nous admirions la masse. Je ne m'étonne pas qu'ils aient pu supporter, sans faiblir, les formidables obus envoyés si longtemps par les Boches.

**

Les premiers bombardements ne causèrent pas de grands dégâts. Je me rappelle les ruines d'une galerie, au collège qui est en face de la poste; puis une maison effondrée à l'entrée de la rue Chevert: ses débris encombrèrent longtemps le centre de la place d'Armes; une autre, rue Mautroté, fut entièrement rasée. Sur certains points, au contraire, la façade restait debout quand les étages n'existaient plus. Parfois, même, des rideaux flottaient encore aux fenêtres, conservant à ces ruines une apparence

AUTOUR DE VERDUN

de vie et en dissimulant l'aspect sinistre.

Les éclats des énormes projectiles tombaient fort loin. On prétendit en trouver jusqu'à Glorieux. Un de nos lieutenants d'artillerie fut blessé au bras, en passant à cheval sur le pont du chemin de fer, près de Thierville, à une grande distance du point de chute.

J'ai raconté plus loin que le bon archiprêtre de la cathédrale, M. le chanoine Gattinois, ne s'était guère ému de l'arrivée de ces premiers projectiles. Il gardait, dans son jardin, le culot d'un 380 tombé sur une maison voisine du presbytère. A la librairie Collardel, on me racontait qu'une dame de la Croix-Rouge était paisiblement venue de son ambulance à son domicile «entre deux coups ». Le rythme du tir était assez régulier et on calculait combien de minutes s'écoulaient d'une « arrivée » à l'autre. C'était à peu près le temps de faire quelques pas dans la rue et de rentrer dans sa cave.

Au bombardement suivant, un pont fut endommagé, les quais reçurent quelques éclats, les vitres du cercle militaire furent brisées.

Mais ce n'était qu'un modeste prélude de l'avalanche de fer qui devait bientôt tomber sur la ville.

.*.

Mes voyages à Verdun me permirent de visiter souvent Mgr Ginisty. J'entrais d'ordinaire par la porte de France et j'arrivais directement à l'évêché pour m'annoncer. Puis les «commissions » faites, je revenais causer et déjeuner. Nous parlions de Saint-Sulpice, de nos amis communs, du mou-

vement religieux, des œuvres, de l'armée. Nous échangions nos « tuyaux » et nous nous encouragions mutuellement à un invincible optimisme.

Je rencontrais parfois chez le cher évêque, avec son aimable secrétaire, M. l'abbé Aigouy, ses vicaires généraux ou des curés meusiens. Celui de Montfaucon me demandait si le clocher de son église était encore debout. Tel autre, échappé des prisons allemandes, me donnait quelques détails sur sa captivité.

Une fois, j'entraînai le prélat jusqu'à Esnes où il présida une de nos réunions du soir. L'assistance fut magnifique. Le bon abbé Cau, dans sa tenue d'artilleur, monta en chaire pour présenter à l'évêque de Verdun la population civile. Je lui succédai et parlai au nom des aumôniers militaires et des soldats présents. Mgr Ginisty donna à tous les conseils les plus paternels, les meilleurs encouragements, avec une flamme patriotique vraiment émouvante. Après le salut, il demanda à voir en particulier les troupiers originaires du Rouergue.

La sacristie fut trop étroite : tout le monde, ce soir-là, voulait être Aveyronnais et tous les dialectes du Languedoc résonnaient sous le porche de cette petite église lorraine.

Mais, le plus souvent, je quittais seul l'évêché pour continuer mes visites. Je passais souvent chez l'abbé Basinet qui habitait à côté. Nous y traitions les questions qui intéressaient nos œuvres militaires. Je rencontrais auprès de lui des aumôniers de la place de Verdun ou des garnisons voisines.

J'avais souvent à visiter des blessés qui m'avaient été recommandés de l'intérieur.

LES PREMIERS BOMBARDEMENTS DE VERDUN

A l'ambulance de Thierville, installée dans une immense caserne neuve, je vis un brave petit métayer limousin que sa femme était venue assister de si loin et sans se troubler d'un si long voyage. Assise à côté du lit, elle était aussi paisible que dans la cuisine de sa ferme, et m'aidait à réconforter le malade.

Un autre bon petit paysan était soigné dans une ambulance de la ville dont il faisait l'édification par sa douceur et sa piété. Il guérit de sa blessure, mais, hélas ! fut tué quelques mois plus tard, à Cumières. J'ai eu communication des lettres qu'il écrivait à sa famille et j'en ai noté quelques phrases où rayonnent la foi et la tendresse :

Le souvenir des bien-aimés que j'ai quittés ne m'abandonne pas, écrivait ce petit rural. Je suis toujours avec eux par la pensée et par le cœur, et je suis ému quand je me demande si, un jour, ils ne recevront pas une mauvaise nouvelle..... Ce n'est pas que je sois découragé et que j'aie perdu confiance.. Bien au contraire. Je vous écris avant d'aller aux tranchées, par mesure de prudence. Il se peut que Dieu ait jugé l'heure venue pour moi d'aller prendre ma place avec ses élus, avant que je puisse vous revoir. Cela me sera bien dur, je l'avoue, non pas pour moi, car je serai arrivé à la fin de la vie de souffrances qu'est la vie, ici-bas, mais à cause de vous.....

D'autres fois, c'était au cimetière que je dirigeais mes pas. Quand, à l'hôpital militaire où je demandais des nouvelles d'un blessé, on me répondait tristement : « Il est mort », j'allais « reconnaître » sa tombe. Qu'il était vaste déjà, ce champ consacré aux sépultures des soldats, en dehors de l'enceinte de l'ancienne nécropole ! Les combats du printemps 1915 l'avaient peuplé de tombes fraîches dont les lignes régulières se profilaient au loin. Chacune portait un numéro d'ordre, puis le nom et le régiment du défunt inscrits sur une planchette de bois noir. Sur beaucoup de tertres, les familles avaient fait planter une croix avec plaque commémorative ; des camarades avaient déposé une couronne. De loin en loin, le long des allées, de hauts mâts vénitiens portaient des oriflammes tricolores, qui donnaient presque un air de fête à ce champ de mort et de gloire. Le curé de la petite paroisse du faubourg voisin était aussi l'aumônier de l'hôpital militaire et le chapelain du cimetière. Il aidait les recherches, assurait l'entretien des tombes, correspondait avec les familles. Grâce à lui et à un obligeant officier, je pus faire photographier quelques-uns de ces petits coins de terre où reposent les héros des Eparges.....

Mais bientôt arriva le temps où il fut rigoureusement interdit d'aller à Verdun. La grande bataille allait commencer.

<hr>

III — UNE ORDINATION A VERDUN
LA DISTRIBUTION DES PRIX A L'ÉCOLE D'ESNES
LE ROSAIRE DU SERGENT

Août-octobre 1915. — Notre « école militaire » d'Esnes avait fonctionné régulièrement plus de trois mois, grâce au dévouement de nos instituteurs soldats, dirigés par un maréchal des logis d'artillerie, prêtre instituteur. Il nous parut bon de terminer « l'année scolaire » par la traditionnelle distribution des prix. Un voyage à Verdun devait permettre d'acheter dans un bazar les jouets qui en feraient les frais.

Ce voyage était motivé par les préparatifs de l'ordination au diaconat de notre hussard catéchiste (1), l'abbé Coste. La cérémonie se fit dans la gracieuse église Saint-Victor, le 24 août. Deux ordinands y prenaient part : un jeune prêtre que sa santé chétive avait maintenu en réforme, et le diacre, qui revêtit, à la sacristie, une sou-

---

(1) Voir *Sur le front lorrain* « les Enfants pendant la guerre », p. 126.

tane par-dessus ses culottes rouges et ses bottes éperonnées. Le cher Mgr Ginisty, si paternel pour nos soldats, ne manqua pas de faire ressortir le caractère émouvant de cette ordination de guerre, faite sous le canon de l'ennemi, et appelant l'esprit de force du diaconat — *Accipe spiritum sanctum ad robur* — sur ce jeune cavalier déjà cité et décoré au service de la France.

La ville épiscopale avait été, en effet, récemment bombardée, petite répétition des bombardements futurs. Sur les trottoirs on voyait encore les sacs de sable destinés à aveugler, en cas de récidive, les soupiraux des caves. Je visitai avec l'archiprêtre une maison où des éclats d'obus avaient laissé de leur passage les traces les plus fantaisistes. Respectant de fragiles bibelots, brisant une statuette de saint François sans endommager le Crucifié qui l'embrassait, ils avaient enlevé, comme d'un coup de rasoir gigantesque, toutes les touches d'un piano. « Musique allemande ! » murmurait en souriant mon guide, qui avait assisté au bombardement sans interrompre son ministère, profitant même de l'intervalle, entre deux coups de canon, pour sortir de la cathédrale et aller confesser un malade.

La distribution des prix s'était faite le 16 août au « Palace-Poilu ». Nous appelons ainsi une vaste grange de notre cantonnement d'Esnes, qui a été aménagée en salle de spectacle. Montzéville avait sa « Cigale meusienne », et Bethelainville ses « Folies », toutes honnêtes granges du temps de paix, devenues « théâtres de guerre ». A Esnes, la scène est solidement établie sur d'épais madriers, et même munie d'un rideau. L'écurie voisine sert de dortoir aux musiciens ; mais, pendant les représentations, la musique monte par une échelle à un grenier à fourrage situé sous le toit, et s'y éclaire par des bouts de bougie. La salle possède — ô luxe incomparable ! — un lustre à acétylène. L'entrée des officiers est par la porte de l'écurie et donne accès à des bancs fixés dans le sol. Les poilus se tiennent debout par derrière ou s'assoient sur des bottes de paille. Dans les grands jours, on ouvre à deux battants le portail de la grange, et la foule des assistants reflue jusqu'au milieu de la route, où éclatent leurs bons rires.

Notre auditoire était plus restreint. En plein après-midi, peu d'hommes sont libres. Il vint seulement quelques territoriaux qui dirent :

— Nous voulons voir votre fête ; ça nous rappellera nos petits.

Les gens du village, un peu intimidés par cette solennité militaire, n'envoyèrent que quelques représentants. Aux premiers rangs, le maire, un ou deux notables, une vingtaine d'officiers, puis les écoliers, leurs mamans, grand'mamans et sœurs aînées.

Comme dans toute séance académique bien ordonnée, la musique alterna avec la littérature. Les cuivres sonnèrent d'entraînantes fanfares et des airs patriotiques. Une fillette récita un gentil compliment aux officiers, les remerciant d'avoir patronné la petite école. Une autre dit la reconnaissance des élèves pour les instituteurs soldats qui leur consacraient avec tant de dévouement des heures de repos si bien gagnées. Suivirent des saynètes et des « récitations ». On déclama *le Petit Turco* et *la Cloche de Montfaucon*. On affirma que l'affreux Guillaume sera le dernier empereur d'Allemagne. Quelques garçonnets proclamèrent leur désir de s'engager « le plus tôt possible », et défilèrent en chantant la *Marseillaise*.

Nous avions simplifié — c'est bien permis en temps de guerre — la lecture du palmarès et l'attribution des récompenses. Les enfants étaient appelés un à un, d'après leur sagesse et leur assiduité. Ils défilaient devant l'étalage des jouets et choisissaient d'après leur préférence. Les officiers et l'aumônier se passaient à bout de bras les petits lauréats et guidaient en riant leur choix embarrassé.

La séance se termina gaiement par une comédie et par les drôleries du clown — car nous avons un clown, authentique et joyeux, l'aimable Zetty, revêtu du costume traditionnel, qu'il a seulement enrichi d'un casque à pointe brodé au bas du dos. Il s'enfarina copieusement et imita à merveille l'accent anglais.

Il imita même beaucoup d'autres choses : les animaux de la basse-cour, la scie, le rabot, la locomotive. Les enfants riaient aux éclats, et leurs mères admiraient que les mêmes lèvres puissent produire des sons si divers.

La troupe comique comprend le clown

déjà nommé, le gérant de la bibliothèque et quelques amateurs de nos régiments. Elle fait la joie de nos poilus et même des officiers. Après un long séjour aux tranchées, c'est si bon de se détendre en applaudissant *l'Anglais tel qu'on le parle* ou *le Mariage au téléphone !*

Par cette dernière pièce se termina la « distribution solennelle » des prix. Parents, élèves, professeurs et invités se séparèrent, enchantés les uns des autres. Un brave musicien me prit à part et me demanda la permission de me dédier un *Ave Maria* de sa composition. Il est décidé que nous l'entendrons un de ces soirs à l'office militaire.

**

Nos offices continuent, plus fréquentés que jamais. Au début d'octobre, nous avons chaudement recommandé la dévotion du Rosaire. Les chers soldats ont fort bien répondu à notre appel. D'abord, chaque soir, après la cérémonie où nous avons récité deux dizaines de chapelet, prêché et donné le salut, une centaine des plus fervents se groupent devant l'autel de la Vierge et commencent un nouveau chapelet qui sera suivi des litanies. Mais écoutez encore ce qu'a fait un de nos sergents.

— Monsieur l'Aumônier, me dit-il, j'ai bien compris ce que vous avez expliqué sur la prière, sur le chapelet, sur le souvenir des joies, des douleurs, des gloires de la bonne Mère. Je voudrais bien dire un rosaire tous les jours, mais notre temps est très coupé, et, le soir, on a envie de dormir. Alors, j'ai cherché des camarades dans ma section et dans la section voisine. Nous sommes quinze et nous promettons de réciter chacun une dizaine de chapelet chaque jour : ça fera le rosaire complet.

— Mais pour les mystères ?

— Voici, j'ai préparé quinze petits papiers où ils sont écrits. Je donne un petit papier à un « bonhomme ». Une supposition que c'est celui de la Visitation. Je lui dis : « Toi, tu as la Visitation, c'est ta consigne. Il ne faut pas t' « esquinter », mais tu dois y penser et en tirer des résolutions. » Je lui explique ce que c'est. Aux autres « bonhommes », je fais pareil. Chacun a son papier et son mystère. Nous appelons ça *la consigne*. Quand on se rencontre dans les boyaux ou au cantonnement, on se dit : « Tu as pensé à la consigne, eh ? » Les autres ne comprennent pas, mais celui qui « en est » répond : « Oui, j'y ai pensé » — ou bien : « Diable ! j'avais oublié, mais j'y vais tout de suite. » Alors, voyez-vous, Monsieur l'Aumônier, on est sûr comme cela que les quinze dizaines sont bien dites. C'est le rosaire de la compagnie.

J'ai félicité mon brave sergent et je propose, à d'autres compagnies, ce rosaire si militaire et si « vivant ».

IV — UN CHEF

Octobre 1915. — Il était 4 heures du matin, le lundi 4, quand la triste nouvelle fut téléphonée au poste de commandement. Elle se répandit bien vite dans la 10ᵉ compagnie qu'il commandait, puis dans le village où cantonne le reste du bataillon et dans les cantonnements voisins.

Partout deux cris :

— Le capitaine Braconnot ! Quelle perte ! Un si « chic » officier !

Puis, aussitôt :

— Cela devait lui arriver ! Sa témérité était vraiment excessive ! Il courait au danger comme à une fête !

Peu à peu les détails se précisèrent. La veille, un ordre de l'armée avait demandé des renseignements très précis sur les défenses actuelles de l'ennemi, sur ses effectifs présumés, sur les travaux qu'il a réalisés. On devait faire des patrouilles de huit hommes commandées par des officiers. Le capitaine Braconnot prit la tête d'un de ces groupes, comme il le faisait si souvent. Il s'avança bien avant de nos lignes jusqu'à quelques mètres de l'ennemi. La lune, à son dernier quartier, éclairait encore assez nettement le terrain. Un de ses « patrouilleurs » lui dit à voix basse :

LE CAPITAINE S'AVANÇAIT JUSQU'A QUELQUES MÈTRES DE L'ENNEMI

— Mon capitaine, vous avez bien assez vu. Il faut revenir.

— Non, répondit-il; je dois examiner de plus près. Je veux toucher le fil de fer et voir si c'est du barbelé. J'aimerais bien aussi rapporter un de leurs chevaux de frise.

Il s'avança encore à quelques pas de ses hommes.

Bien terrés dans leur tranchée, les Allemands tirèrent une première salve. La patrouille s'était couchée; personne ne fut atteint. Mais avant la seconde salve, le capitaine voulut, sans doute, se relever : une balle le toucha au sommet de la cuisse, tranchant l'artère fémorale. C'est la blessure qui ne pardonne pas, car, faute d'un garrot énergique, l'hémorragie est immédiate, violente, incoercible.

Il put encore, cependant, ramper vers sa petite troupe et murmurer :

— Je suis blessé à la jambe, ne m'abandonnez pas!

Sa seule crainte avait toujours été de rester aux mains de l'ennemi, comme son jeune frère.

— J'espère bien, disait-il quelquefois aux poilus de la 10e, que, si je tombe, vous ne laisserez pas aux Boches ma pauvre carcasse!

Péniblement, ses hommes le traînèrent à une petite distance, non sans essuyer de nouveaux coups de feu. Puis, se relevant, ils le portèrent jusqu'aux lignes françaises. L'un d'eux était littéralement inondé du sang de son chef. La mort, hélas! avait déjà fait son œuvre.

Tous ceux qui virent le corps avant qu'il fût enseveli remarquèrent l'expression sereine, presque joyeuse, qui s'était fixée sur le visage du vaillant officier. On disait : « Ce chrétien, ce soldat sourit aux anges et à la gloire. »

**

Au commencement de l'après-midi, il était mis au cercueil et transporté dans l'église d'Esnes, devant le maître-autel, un peu en avant de la brèche qu'un obus allemand avait ouverte dans la voûte.

Spontanément et avec un zèle ingénieux, quelques soldats utilisèrent les modestes ressources de la sacristie pour préparer une chapelle ardente. Des bancs, des tréteaux, quelques draperies formèrent un catafalque dominé par la croix d'argent de la paroisse, qui portait à sa hampe une écharpe de crêpe et un nœud trico'ore. La chaire, la balustrade du chœur, l'autel furent drapés de noir.

Quand j'arrivai pour l'habituelle réunion du soir, des cierges brûlaient autour du cercueil que voilaient à demi les plis d'un drapeau et que fleurissaient des couronnes. Les unes, achetées à Verdun par un cycliste, disaient en lettres de perles ou d'or le souvenir et l'hommage du colonel et des officiers du régiment; des officiers, sous-officiers, caporaux et soldats de la compagnie. Les autres, sans inscriptions, en fleurs naturelles cueillies dans les champs ou dans les jardins du village, tressées par des mains frustes et inhabiles, affirmaient, plus éloquemment encore, les regrets et l'affection de ses hommes pour le chef qui venait de tomber au champ d'honneur. Deux factionnaires, baïonnette au canon, et un lieutenant, le sabre au clair, montaient la garde.

On ne fit point, ce soir-là, les cérémonies coutumières. En quelques mots, je rappelai les vertus militaires et religieuses du défunt. Je fis réciter un chapelet pour le repos de son âme; et tandis que l'orgue accompagnait doucement des chants funèbres, tous les assistants défilèrent devant le mort en le signant d'eau bénite.

Nous célébrâmes le lendemain les funérailles solennelles. De tout le secteur étaient venus les officiers que ne retenait pas leur service. Ils remplissaient presque l'église où fut dite la messe de *Requiem;* ils faisaient une magnifique escorte au cercueil de leur camarade, que ses soldats portaient au cimetière. Une section en armes précédait la musique; une autre encadrait le cortège. Pour la première fois, les troupes portaient le nouveau casque. Dans la lumière atténuée de cette matinée d'automne un peu brumeuse, les nuances pâles des uniformes se fondaient harmonieusement.

On fit halte devant la grande croix qui se dressé au milieu des tombes sur le penchant de la colline. Le général de division et le colonel de son régiment saluèrent une dernière fois, avec une émotion et en termes qui mettaient des larmes dans tous les yeux, le vaillant soldat, le ferme chrétien, l'officier français éducateur et entraîneur d'hommes, le fils, le frère, l'époux accompli. Et les dernières bénédictions de l'Église descendirent sur la fosse qui allait se refermer.

Retenue aux tranchées, la 10e compagnie n'avait pu envoyer qu'une délégation à l'enterrement de son capitaine. Elle assista tout entière au service qui fut chanté, le samedi suivant, par son caporal fourrier, l'abbé Bergonier. L'aumônier en profita pour rappeler aux hommes les beaux exemples de patriotisme, de dévouement militaire et de foi chrétienne donnés par leur chef.

*
* *

Depuis ces émouvantes cérémonies, j'ai souvent causé avec les soldats que commandait le capitaine Braconnot, et je me suis efforcé de reconstituer, d'après leurs appréciations, la physionomie morale de cet admirable officier.

J'ai d'abord interrogé son fourrier, qu'il aimait beaucoup et qui était un peu l'aumônier de la compagnie.

— Le capitaine, me dit l'abbé Bergonier, rappelait parfois en riant le trait de Bayard se confessant à son écuyer. « Je suis plus heureux que Bayard, ajoutait-il, car mon fourrier peut me donner une absolution authentique et sacramentelle. » Souvent en effet, il me demandait de l'entendre en confession, et notamment avant la dernière relève qui ne précéda sa mort que de quelques jours. J'avais parfois avec lui d'intéressantes conversations sur des sujets religieux. Il me souvient, entre autres, de celle que nous tenions, naguère, sur la prière. « En campagne, me disait-il, mon genre de vie ne me permet pas de prier régulièrement et longuement matin et soir. Pour moi, la distinction entre le jour et la nuit est souvent abolie. Mais je sens bien que la vraie manière de prier ou d'élever souvent mon cœur vers Dieu est de faire toutes mes actions en union et conformité avec la volonté divine. Je connais des gens qui agissent comme les vieux avares, tenant le compte des prières qu'ils récitent avec une précision d'Harpagons remplissant leur bas de laine. Ce n'est point ma manière. Moi, j'offre à Dieu mon travail, mes peines, mes fatigues. Je le salue en me levant et en me couchant, je l'invoque dans le danger; et je crois mieux prier ainsi que les thésauriseurs. » Pendant la première semaine de Carême, il apprit qu'on pouvait déjà remplir le devoir pascal et voulut s'en acquitter aussitôt, préférant prendre de l'avance plutôt que de s'exposer à quelque empêchement. Il assistait parfois à la Messe pendant la semaine, surtout quand il en avait été privé au cours d'une assez longue période de séjour aux tranchées. Un lundi, je le vis dans l'église à une heure matinale et je lui en témoignai quelque étonnement. Il me répondit que le dimanche était passé pour lui inaperçu et qu'il voulait réparer son oubli dans la mesure du possible.

— Etait-il très aimé de ses hommes? ai-je demandé à un poilu.

— Oui, Monsieur l'Aumônier, surtout au commencement. Pour vous dire vrai, on l'aimait moins depuis quelque temps, à cause des travaux de terrassement qu'il a fallu faire. Et, vous savez, nous sommes bêtes : tous les ordres pénibles qui arrivent, on les attribue au capitaine. C'est bien vrai qu'il était terrible pour le travail, et il voulait en finir si vite qu'il avait demandé que pendant quinze jours nous ne descendions pas au cantonnement. Aussi, on grognait. Mais, quand même, nous avons bien compris que c'était notre intérêt que nos tranchées soient plus fortes. Et, d'ailleurs, depuis qu'il est mort, on ne se rappelle plus que le bien, et toute la vieille amitié est revenue.

*
* *

C'était, en effet, un chef incomparable. Très exigeant sur le chapitre des devoirs militaires, il entendait que tout le monde fît toujours tout son devoir, mais il donnait l'exemple le premier. De jour et de nuit, il visitait régulièrement tous ses hommes aux tranchées. Pendant l'hiver, dans un secteur fort difficile, malgré la pluie, la boue et la plus complète obscurité, les soldats de sa compagnie qui occupaient les petits postes avancés étaient sûrs de recevoir sa visite. Il avait pour chacun une parole cordiale, car il s'intéressait à tous et à tout ce qui les touchait.

Il travaillait continuellement, soit à faire des plans très exacts de ses tranchées, soit à tracer le croquis des positions ennemies. Très minutieusement, il notait le nombre d'obus allemands tombés dans nos lignes et le temps qui s'écoulait entre les « arrivées ». Il étudiait sur la carte l'emplacement probable des batteries boches et adressait sur ce sujet au commandement des rapports nombreux et fort bien documentés.

En parcourant les tranchées, on le rencontrait assez souvent au milieu d'un groupe de travailleurs; il avait mis bas sa vareuse et piochait avec ardeur ou rejetait la terre à larges pelletées.

Son esprit, sans cesse en éveil, cherchait des inventions ou des expédients pour améliorer la situation de ses hommes ou nuire davantage à l'ennemi. Il imagina un système de fils de fer à coulisse pour faire parvenir la soupe chaude à ses petits postes. Pendant ses courses nocturnes, il plaçait dans de vieux journaux des grenades destinées à surprendre désagréablement les « voisins d'en face ». Je l'ai souvent trouvé en train de réfléchir longuement sur certains de ces petits moyens.

— Je cherche en ce moment, me disait-il en riant, comment je pourrais m'y prendre pour faire à mon prochain le plus de mal possible.

Il conduisait fréquemment des patrouilles pour lesquelles il ne voulait pas prendre avec lui les volontaires hardis, toujours prêts à s'offrir. De préférence, il choisissait les timides, les hésitants, afin de leur donner des « leçons de courage ».

Très attaché à ses hommes, il était profondément attristé quand la mort avait frappé parmi eux. Si la compagnie était en première ligne et ne pouvait assister aux funérailles d'un de ses soldats, il profitait d'une occasion favorable pour commander un rassemblement devant la tombe fraîche. Après avoir fait donner l'absoute par son fourrier, il prononçait une petite allocution, toujours empreinte du plus pur patriotisme et d'un profond esprit religieux. Il avait soin d'en déduire quelques conclusions pratiques pour la conduite des survivants.

— Si j'avais été prêtre, disait-il parfois,

je crois que j'aurais fait un assez bon prédicateur. C'est ce ministère qui m'aurait le plus attiré.

La noble mission du chef militaire, le capitaine Braconnot l'exerçait vraiment comme un sacerdoce. Je ne crois pas que personne ait mieux compris que lui le « rôle social » de l'officier.

Son courage était allègre et joyeux. Quand il allait, pendant la nuit, en avant des tranchées poser lui-même des fils de fer, il riait d'un bon rire franc et sonore. Il riait encore dans ses patrouilles nocturnes, au cours desquelles il interpellait l'ennemi, comme les héros d'Homère, poussant des cris « pour se faire tirer dessus » et estimer le nombre des fusils.

Je sais bien que ses chefs lui reprochaient souvent cette témérité. On aurait voulu qu'il se ménageât davantage. Mais, avec un sourire un peu narquois, il répondait, comme Flambeau :

> Mon défaut,
> C'est d'en faire toujours un peu plus qu'il ne faut.
> Aux consignes, toujours, j'ajoute quelque chose.
> J'aime à me battre avec, à l'oreille, une rose.
> Je fais du luxe.....

Ce « luxe » dans le courage n'est-il pas une des glorieuses traditions de l'officier français? Et s'il faut pleurer la fin prématurée du jeune chef, comment ne pas reconnaître que sa mort héroïque sera, pour les soldats qu'il commandait, la meilleure leçon, celle qui ne s'oublie pas?

V — TOUSSAINT ET NOËL 1915

L'an dernier, nous avions fêté la Toussaint au pied du fort de Marre, et, quelques nuits après la fête des Morts, nous relevions sur le Mort-Homme les cadavres de vingt alpins tombés au combat du 20 octobre. Cette année, nous menons presque la vie de garnison. Le secteur est relativement paisible. Nos offices se font régulièrement à Montzéville, à Esnes, à Bethélainville, à Dombasle, à Récicourt. Grâce aux prêtres soldats et brancardiers, nous pouvons assurer des Messes à tous les cantonnements et des saluts avec prédications à plusieurs.

La Toussaint a été pieusement célébrée dans toutes nos églises. Pour la seconde fois, nous avons appelé la France triomphante au secours de la France militante. Les communions ont été nombreuses et les chants vibrants.

Le 2 novembre, touchante cérémonie pour les morts au champ d'honneur, au petit cimetière militaire du bois de Malancourt. Le colonel du ...e d'infanterie et le général de brigade nous y avaient invités depuis plusieurs jours et s'étaient chargés des préparatifs. Le cimetière formait un rectangle bien régulier, en lisière du grand layon central. Il ne comptait au début que quelques tombes; mais plusieurs escarmouches, des explosions de mines, les balles perdues l'avaient, hélas! peu à peu agrandi, et c'étaient plus de sept cents braves qui reposaient dans ce coin de terre lorraine après quinze mois de guerre. Toutes les sépultures avaient été faites avec soin, les fosses bien alignées et point trop pressées. On pouvait circuler autour. Chaque tertre, entouré d'un petit gabionnage qui retenait la terre, était orné d'une croix dessinée en mousse ou en gazon. Les croix, toutes pareilles, lavées par les averses de ces jours pluvieux, semblaient fraîchement plantées. Bien peu portaient une plaque, un petit cadre envoyés par les familles, mais toutes étaient couronnées de lierre, nouvellement tressé et luisant sous la pluie; chacune aussi était surmontée d'un faisceau de petits drapeaux tricolores.

On ne peut exprimer le charme étrange de ce champ des morts ainsi pavoisé aux couleurs nationales et décoré de verdures neuves. C'était à la fois militaire et champêtre, triste et joyeux, grave et jeune.

La cérémonie fut belle dans sa simplicité.

Un autel était dressé sur un des petits côtés du rectangle et face à la clairière. Une toile de tente devait abriter le célébrant et le prédicateur. Le général de division était venu en auto jusqu'au boyau où un cheval de hussard l'attendait pour achever la course. Il prit place au premier rang, sous la pluie, avec le général de brigade, le colonel P... et de nombreux officiers. Plusieurs centaines de soldats se groupèrent derrière eux, encadrés par une compagnie en armes qui rendait les honneurs. On avait fait savoir dans tout le régiment, même au bataillon campé à Lambéchamp, que les hommes étaient autorisés à quitter leur cantonnement ou leurs baraques pour assister au service. Beaucoup firent près de trois lieues, malgré le temps affreux et les mauvais chemins, heureux de prier pour les camarades et d'honorer leur mémoire.

Plusieurs sont tombés depuis, qui reposent aussi dans ce cimetière de Malancourt

LA MESSE SUR LES TOMBES

qu'ils avaient admiré sous sa fraîche parure de fête, le 2 novembre 1915.

La Messe fut dite par un jeune Jésuite, le P. Goudareau, brancardier à la compagnie de mitrailleurs du régiment, décoré de la médaille militaire et de la croix de guerre. L'abbé Castelin, aumônier titulaire de la division, exprima en termes émouvants les sentiments qui étaient dans toutes les âmes. Un violoniste habile fit pleurer son instrument et le sous-chef de musique chanta, sans accompagnement, avec une simplicité qui la rendait encore plus prenante, notre belle « Prière pour les morts au champ d'honneur ».

De l'avis de tous, ce fut une de nos plus belles cérémonies.

.

Vous aimeriez savoir comment nous avons fêté notre second Noël de guerre?

Mais très pieusement et très joyeusement, je vous assure. Si vous voulez des détails, il vous faut imaginer plusieurs tableaux.

D'abord, Noël dans les ruines. Représentez-vous le gros bourg d'Haucourt-Malancourt, jadis prospère, industriel, élégant. Fontaines jaillissantes, constructions soignées, éclairage électrique, rien n'y manquait. La guerre en a fait un vaste champ de ruines. C'est à peine si quelques maisons restent debout. Celle où le colonel a établi son poste de commandement, à l'entrée du village, porte aux flancs de terribles lézardes et fait, par une de ses fenêtres, comme la grimace d'une bouche tordue. Dans la « maison du facteur », à peu près d'aplomb, un commandant loge à côté du poste de secours, installé dans la cave. Une grange est presque intacte.

L'église de Malancourt, qui fut belle et réputée pour ses cérémonies, a perdu son toit, sa voûte, ses verrières. Ses dernières poutres branlantes menacent les passants. Par une brèche, à côté de la porte, un guetteur interroge l'horizon dans la direction des « fermes allemandes » et du « buisson de Polyte ».

Mais le grand crucifix qui surmonte l'arcade du sanctuaire, comme dans la plupart des églises lorraines, demeure toujours en place au milieu de ses ferronneries. Rien de plus impressionnant. Il paraît suspendu entre ciel et terre par sa propre vertu, et se dresse comme un témoin des crimes de la kultur. On pense spontanément au texte de l'Ecriture : « Tout le jour j'ai tenu mes bras étendus devant ce peuple impie et persécuteur. »

Les murailles croulantes du village ont été crénelées et permettent de circuler à peu près à l'abri des balles qui font entendre, nuit et jour, leur sifflement de bêtes malfaisantes. Par endroits seulement, il faut se baisser et passer vite. Mais il n'était pas possible de grouper nos hommes dans la pauvre église ruinée. On défend d'ailleurs les rassemblements, car le village peut être bombardé d'un moment à l'autre, et il ne faut pas présenter aux obus une « formation serrée ». Il faut éviter aussi le bruit, qui attirerait l'attention des « voisins d'en face ». C'est dire que la Messe de Noël fut discrète et modeste dans les ruines, mais combien émouvante pour le prêtre soldat qui la célébrait et pour ses camarades qui l'entendaient !

Noël dans les bois. L'hiver a dépouillé les arbres de leur royale parure d'automne.

Le camp de Lambéchamp qui vit, l'été dernier, de si belles Messes militaires sur un autel orné comme un reposoir de Fête-Dieu, n'offre plus que des sentiers boueux et des amas de feuilles mortes.

Les baraques ne sont plus protégées par les belles frondaisons du taillis et se dissimulent comme elles peuvent aux recherches des avions ennemis. Mais nous ne pouvions laisser sans Messe de Noël le bataillon du camp. Un aumônier s'y rendit à cheval et dressa sa chapelle de campagne dans la baraque qui sert de salle de lecture et de correspondance. Par malheur, les dimensions restreintes de ce sanctuaire improvisé ne lui permirent pas d'abriter tous ses auditeurs. Beaucoup restèrent dehors, sous la pluie, suivant religieusement le Saint Sacrifice et écoutant avec recueillement l'allocution.

Noël aux cantonnements. C'est là que la fête fut solennellement célébrée.

Toute la journée du vendredi et pendant la veillée, les aumôniers et les prêtres brancardiers ou combattants entendirent les confessions. Il n'y eut pas seulement dans leur clientèle les « dévots » qui sont à la communion fréquente. Tous les bons chrétiens donnèrent, qui avaient communié à l'Assomption et à la Toussaint. On vit même arriver en tirailleurs quelques « enfants perdus », des convertis que les fêtes pascales n'avaient pas encore décidés, et que toucha l'aimable et doux Noël. C'étaient des « retours » de dix, quinze et vingt ans.

— Et pourquoi donc ne te confessais-tu pas, brave garçon comme tu es !

— Monsieur l'Aumônier, je vais vous dire. J'avais laissé passer une fois, et ça m'en.....nuyait de recommencer. Mais tout de même je me languissais. Et je sais toutes mes prières, allez, vous pouvez me demander !

— Eh bien, tu écriras à ta femme que tu as « recommencé »; et, en même temps, que tu as communié pour elle, comme sans doute elle a communié pour toi.

Les Messes de minuit furent très solennelles.

A Béthelainville, église comble. On s'assied sur les degrés des autels, on s'entasse dans les allées. Beaucoup de « civils » ne peuvent pas entrer. Une belle voix chante le *Minuit, chrétiens,* et un hautboïste de la musique accompagne, avec l'orgue, les noëls populaires. Rien de mieux que le hautbois pour rappeler les rustiques musettes des bergers.....

La grande attraction d'Esnes fut la crèche. Nous avions « repéré » dans les greniers de la brigade un bel Enfant Jésus, la Sainte Vierge et saint Joseph, les bergers et les mages, tous les « santons », comme disent nos Provençaux. Les soldats instituteurs de notre école primaire construisirent, avec de vieux papiers d'emballage et des cartons découpés, une Bethléem en miniature. Avant la Grand'Messe, la statue du Sauveur fut portée par nos enfants de chœur sur un brancard orné de lierre. On fit processionnellement le tour de l'église, au chant du vieux noël *Les anges dans nos campagnes*..... Les poilus devant lesquels ne passait pas la procession montaient sur les bancs et tendaient le cou pour voir l'Enfant Jésus, le « petitou ». Les chants furent très beaux et les communions nombreuses.

Dans deux cantonnements importants, à Montzéville et à Dombasle, les églises sont transformées en ambulances. On ne pouvait introduire la foule des valides au milieu des blessés et des malades. Aussi nous avons eu Noël dans le grenier et Noël dans la grange.

J'ai décrit ailleurs la pittoresque chapelle installée au-dessus des bureaux d'une de nos brigades, sous les robustes solives du toit. En l'honneur de la Nativité, l'autel avait été décoré de draps bien blancs, sur lesquels se drapaient des tentures rouges et bleues, découvertes à la sacristie, qui est devenue la pharmacie de l'ambulance. Mais la merveille des merveilles fut l'illumination réalisée par un infirmier. Imaginez d'innombrables bouts de bougie collés sur tous les chevrons et dessinant de lumineuses guirlandes. Jamais ce grenier n'avait vu pareil éclairage, plus brillant que le soleil. La foule débordait jusque dans l'escalier et sur la petite tribune où étaient naguère installés les cordonniers d'un régiment.

Mais la grange dépassa en splendeur toutes les églises et chapelles. C'était justice ; elle rappelait, mieux que tous les autres édifices, l'étable de Bethléem. En outre, les hussards s'étaient chargés de la décorer, et, pour l'honneur de la cavalerie française, ils voulurent laisser bien loin derrière eux les efforts des fantassins. La grange est de vastes proportions. Sur le sol, une épaisse couche de paille. Les assistants pourront y faire chacun leur « trou » pour éviter le froid aux pieds. Les solives des toits disparaissent sous la fine dentelle des toiles d'araignées, qui doivent dater de plusieurs générations. Sur le grand mur du fond, notre drapeau de 4 mètres surmonte l'autel et porte à sa bande blanche une large croix en feuilles de buis. Dès cartouches sont disposés de part et d'autre, où des sabres, des baïonnettes, des fourreaux, dessinent la « croix de guerre ». De loin en loin, des faisceaux d'étendards, des guirlandes. Deux grands sapins flanquent l'autel, étincelants d'ampoules électriques, — car on a fait un « branchement » sur le courant qui vient de la scierie voisine. L'autel est chargé de tous les candélabres qu'on a pu « réquisitionner » à l'ambulance-église. Et la crèche ? Elle est modeste. Point de « santons » ; seul l'Enfant Jésus y figure. Mais elle est si bien placée, dans un petit retrait, sous l'estrade de la « batterie », qu'on imagine volontiers ainsi disposée, l'humble mangeoire de Bethléem qui servit de berceau au Sauveur du monde. On cherche instinctivement si Joseph et Marie ne sont pas agenouillés derrière les piliers massifs. Quant au bœuf et à l'âne, on les entend remuer leurs chaînes dans l'étable voisine. Une lampe électrique illumine par derrière l'Enfant Jésus et la paille blonde sur laquelle il repose ; elle affecte la forme traditionnelle de l'étoile miraculeuse.

Il serait difficile de réunir plus de couleur locale. Mais pour « actualiser » un peu la scène pieuse, un drapeau tricolore y jette son clair reflet.

A la Messe de minuit, la grange fut pleine de soldats. Un maréchal des logis de hussards, estafette de la division, la célébra.

L'office du jour fut présidé par l'aumônier, qui fit pleurer son auditoire en parlant de Noël, fête religieuse, fête familiale, fête patriotique.

L'auditoire était tout militaire. Quelques enfants du village s'étaient cependant glissés sous les sapins et, bien tapis dans la paille, suivaient avec attention la cérémonie, comme ces petits anges que les peintres anciens aimaient à figurer dans quelque coin de leur tableau.

La musique ne fut pas inférieure à la décoration. Sous la direction habile et zélée du capitaine, commissaire de gare, des brancardiers, des secrétaires de l'état-major ou du ravitaillement avaient formé une petite chorale qui s'exerça chaque soir pendant de longues semaines. Elle donna, très convenablement, une Messe de Gounod. Tout le monde fut ravi.

Bien entendu, les réveillons avaient été copieux et pleins de gaieté. Je sais une escouade qui avait gagné une oie à l'arbre de Noël de la compagnie. On pria une « bonne dame » de la faire cuire, pas rôtie, mais en sauce, parce que « cela donne plus à manger ». J'entendis un poilu faire ses recommandations :

— Si des fois elle avait des truffes dans le ventre, il ne faudrait pas les jeter, eh! Ça ressemble comme des morceaux de charbon, mais ça donne bon goût à la viande.

La femme du sacristain, Mme Husson, qui fut cuisinière à Paris, dans le quartier des Champs-Elysées, écoutait avec un sourire amusé ce petit discours.

Et pour accompagner l'oie, qui fut déclarée succulente, on chanta les vieux noëls de Provence :

Ho! pastoureu, venei fâ lo veillado!.....

VI — LE DÉPART DU GÉNÉRAL

Février 1916. — Notre général de division avait atteint sa soixante-cinquième année — l'inexorable limite d'âge — le 13 juillet 1915. Bien qu'il ait été maintenu dans son commandement, nous sentions que nous ne pouvions pas espérer le garder encore longtemps. Et il y avait quelque mélancolie dans les félicitations que nous adressions au vieux chef, toujours alerte, aimable et joyeux.

L'anniversaire fut célébré au Bois-Carré, tout près de Béthincourt et des Boches. Je veux citer ici quelques strophes, où le capitaine d'état-major V... (depuis chef de bataillon à l'un de nos régiments, puis chef d'état-major d'une autre division) fit revivre le lieutenant de 1870 et loua le général de 1915.

. . . .
Dans son destin, c'était écrit
De débuter dans l'héroïque,
Et — malgré que l'an fût tragique, —

Tout fin, tout blond,
Il portait gaîment, sous le plomb,
Un képi campé sur l'oreille,
Chantant comme un vieux de la vieille.

. . . .
Narquois, câlin,
Indulgent au pauvre prochain,
Son clair sourire avait des larmes,
Et son bon cœur était sans armes.

Tout blanc, d'aplomb,
Le chêne d'or ceignant son front,
Il revit sa propre jeunesse,
Toujours prompte aux folles prouesses.

Tout blond, tout blanc,
Général et sous-lieutenant,
Deux Carbillet, pour la Revanche,
Ont même sang..... et même « branche ».

Câlin, narquois,
Le général nargue, ma foi,
L'implacable limite d'âge.....
La jeunesse est son apanage!

Narquois, câlin,
Il conduira jusqu'à Berlin
Ses bons soldats de la Provence.
On sait qu'au feu il les devance!

Bientôt — longtemps —
Entouré de petits-enfants,
Il dira de belles histoires,
Rien qu'en racontant..... son histoire!

Alerte encor, trottant menu,
Au terme fatal parvenu,
Le dernier souffle qu'il aspire
Va s'éteindre dans un sourire.....

Et voilà comme on rimait gaiement au bruit du canon.

*
* *

Au rapport du 1er février 1916, lecture fut donnée de l'ordre général qui suit :

(Supprimé par la Censure).

(Supprimé par la Censure.)

!Dans toute la division, les regrets furent sincères et unanimes. Le général était très populaire. On le savait brave jusqu'à la témérité. A Dieuze, il était resté imperturbable sous le feu très vif de l'ennemi, et avait eu son porte-fanion tué à deux pas de lui. A la ferme du Gouleau, il commandait, la canne à la main, la charge de ses alpins. Pendant les attaques de septembre et d'octobre 1914, il établissait son poste de commandement aux points les plus périlleux, sans souci des obus. Il avait le coup d'œil sûr et la décision rapide du vrai chef militaire qui sait trouver, comme d'instinct, le meilleur endroit pour l'offensive ou pour la contre-attaque.

Les anciens rappelaient ces souvenirs à ceux qui n'avaient pas vu les premiers mois de la campagne. On se contait des anecdotes.

— Te rappelles-tu, un jour, au Rendez-vous de chasse, il avait rencontré un vieux sergent de soixante ans, rengagé pour la durée de la guerre. « Tiens ! qu'il dit, je vais me faire phographier à côté de toi. Ça sera un souvenir pour ta famille. » Et le voilà qui s'assied sur un tronc d'arbre avec le sergent. Et il fait appeler un photographe, qui vient avec tout son fourbi et le tire. Et ensuite, le général a dit d'envoyer une photo à la femme du sergent et une autre à sa fille. C'est gentil, hein ?

— Ça, c'est vrai qu'il n'était pas fier. Quand tu le saluais, au lieu de chercher ce que tu pouvais bien avoir à redresser dans ta tenue ou dans ton « barda », il te faisait bonnement : « Bonjour, mon petit ! Bonjour, mon garçon ! Comment vas-tu ? »

— Et pas d'embarras avec ça, quand même il était grand-officier de la Légion d'honneur, même que Castelnau était venu le décorer, tu te souviens, derrière le cimetière de Dombasle. Il avait toujours sa canne et son manteau d'alpin, le képi un peu sur l'oreille, comme on voit les vieux généraux dans les gravures.

Et tous reprenaient en chœur :

— C'était un chic type ! Un de ceux qu'on aimerait se faire casser la ..... figure pour !

Le mercredi 2, beaucoup d'officiers vinrent au quartier général pour le saluer. Il avait retenu à déjeuner ses commandants de brigade et ses colonels. Debout au milieu du salon de la villa, il trouvait pour chacun quelque mot aimable. Il plaisantait et contait des « gibernes » pour ne pas s'attendrir.

Aux aumôniers qui le remerciaient de sa constante bienveillance, il rappelait les belles Messes militaires dans les bois, les cantiques entraînants chantés par les hommes, spécialement *Prouvençau e catouli*, qu'il affectionnait et qu'il ne pouvait pas entendre sans battre la mesure avec sa canne. Parfois même, il se retournait vers ses officiers en leur criant :

— Mais chantez donc !

On projetait de se revoir après la guerre, de réunir les anciens combattants de la division, de célébrer des Messes pour les morts.

— Merci, mes chers aumôniers, de votre action dévouée. Vous nous avez bien aidés à maintenir le moral de nos troupes. Je l'ai souvent dit à l'armée et j'aime à le répéter.....

*
* *

Le départ du général était fixé au jeudi 3 février. Une automobile devait le conduire au quartier général du groupe d'armées.

On décida, sans l'avertir, d'offrir au chef aimé et regretté une petite cérémonie militaire. Ce serait comme les adieux de la division.

Un régiment de chaque brigade fournit une compagnie et envoya sa musique et son drapeau. La petite troupe fut rangée en bataille dans la rue du village, face à la maison occupée par le général.

Quand il parut sur le seuil, entouré de son état-major, et vit devant lui, à côté des deux drapeaux, les deux colonels en grande tenue, il eut un geste étonné et attendri. Le plus ancien colonel commanda le « Garde à vous! » et fit présenter les armes. Les deux drapeaux inclinèrent leurs soies déchirées et leurs ors ternis; celui de l'ancien « Royal-Piémont » porte les grands noms d'Austerlitz et de Wagram avec ceux des victoires de Crimée; l'autre, d'un régiment plus moderne, rappelle les combats du Tonkin. Les musiques jouèrent la *Marseillaise*, après quoi le général passa devant le front pour la revue. Les compagnies se mirent alors en colonne par quatre et défilèrent avec les drapeaux, aux accents de *Sambre-et-Meuse*.

Quand le dernier homme eut passé, les têtes se découvrirent. Le général donna l'accolade aux officiers qui l'entouraient. Bien des yeux étaient humides. Encore quelques mots de bonne humeur pour combattre l'émotion :

— Adieu, mon petit. Mais oui, on se reverra. Je roulerai bien quelque jour par ici..... Ah! Monsieur l'Aumônier, vous venez me donner votre bénédiction ?

Il monte alors dans l'auto avec le lieu-tenant de hussards qui commandait son escorte. A ce moment, les tambours et clairons battent et sonnent le « Rappel en campagne », qui est la sonnerie finale des « honneurs ». L'automobile démarre, et le vieux général salue encore de la main, en essayant de sourire pour dissimuler deux larmes qui glissent dans ses moustaches blanches.

Tout cela n'avait pas duré plus d'un quart d'heure. C'était très simple, très militaire, très français.

En reprenant le chemin de Bethelainville, qui était alors mon cantonnement, je me disais qu'une des grandes forces de notre armée, c'est bien cette affection, cette confiance réciproque du chef et de ses subordonnés. Celui qui venait de partir savait vraiment se faire aimer. On lui obéissait avec joie, on l'aurait suivi, sans hésiter, partout. Il avait « la manière », la bonne manière de commander.

Et la phrase naïve et si profonde des soldats me revenait à la mémoire : « Un chic type! Un de ceux qu'on aimerait se faire casser la..... figure pour ! »

VII — LA MORT DE L'AVIATEUR

Le dimanche 6 février, d'importants mouvements de troupes s'étaient effectués dans notre région. Au cours de la matinée, du perron de l'église de Bethelainville, nous voyions défiler la longue théorie des camions automobiles qui traversaient le village et allaient attendre sous bois le régiment qui nous quittait.

Ce va-et-vient éveilla sans doute l'attention des avions ennemis. Plusieurs appareils croisaient au-dessus de nos lignes, encadrés par les flocons blancs des shrapnells. Vers midi, nous aperçûmes un avion français qui fendait l'espace à grande allure et semblait fondre sur un adversaire. Les péripéties du combat nous échappaient; quelques hommes, cependant, crurent entendre le tic-tac des mitrailleuses.

A 16 heures, je revenais de visiter un cantonnement voisin — celui de Montzéville — et je préparais notre cérémonie du soir, quand une auto de la division s'arrêta devant ma porte. On me réclamait à Dombasle pour un officier grièvement blessé.

Chemin faisant, le chauffeur me renseigna. Comme les cuisiniers, les chauffeurs sont toujours au courant des nouvelles; mais, d'ordinaire, ils les déforment moins.

— Monsieur l'Aumônier, c'est un capitaine de chasseurs à pied qui est à l'état-major du ...ᵉ Corps. On dit qu'il faisait un stage dans l'aviation et que c'était son dernier vol. Le pauvre! Il est tombé près de Béthincourt, à moitié mort. On a eu de la peine à le relever parce que les Boches avaient vu l'endroit de la chute et canonnaient dessus vigoureusement. Enfin, il a été ramené, et les majors le pansaient quand je suis parti pour vous chercher.

Le blessé avait été transporté à l'annexe chirurgicale de l'ambulance 14. Au premier examen se révélait l'impossibilité d'une opération. Le projectile avait brisé la colonne vertébrale au niveau des reins; il restait logé dans l'abdomen. Hémorragie abondante. Aucun espoir de salut et la mort à brève échéance. On ne pouvait qu'adoucir les derniers moments.

Ce fut l'avis du chirurgien et des médecins de l'ambulance, comme du médecin-chef de l'hôpital de Clermont, qui venait d'arriver en auto avec une Sœur de Charité infirmière. On transporta le blessé dans la maison voisine, où une chambre est réservée pour les officiers malades. C'est la chambre du fond, qui est séparée de la cuisine, comme dans toutes les maisons lorraines, par une petite salle obscure.

Quand j'entrai dans la cuisine, plusieurs officiers s'y trouvaient, entre autres un capitaine d'état-major, ami intime du mourant et déjà assidu à son chevet.

— Monsieur l'Aumônier, me dit-il, vous pouvez lui parler franchement. C'est un si bon chrétien !

La Sœur qui se tenait auprès du lit me donna la même assurance, comme je m'approchais. Je vis un beau jeune homme, grand et robuste, aux larges épaules. Du visage, émergeant à peine de l'oreiller, et si pâle, on apercevait d'abord une boucle

NOUS APERÇUMES UN AVION FRANÇAIS QUI SEMBLAIT FONDRE SUR UN ADVERSAIRE

blonde sur le front et la pointe d'une moustache soyeuse et légère.

La confession de ce parfait chrétien ne fut pas longue, d'autant que les majors recommandaient de ne pas le fatiguer. Il reçut pieusement le saint Viatique, l'Extrême-Onction et l'indulgence plénière.

Sur la table de nuit j'avais aperçu, dans un cadre d'or, la photographie d'une radieuse jeune femme. Attention charmante de l'amitié. Dès qu'ils l'avaient su blessé, ses camarades avaient pris le cher portrait dans la chambre du cantonnement et l'avaient apporté tout près de lui, comme pour remplacer celle qui ne pouvait pas

être là. Ce me fut une occasion de parler au mourant de sa famille. Je l'exhortai à faire généreusement le sacrifice de sa vie pour les siens, pour la France. Lui me dit quelques mots de sa femme et de ses petits enfants.

J'étais debout au pied du lit et je priais. Soudain, sa voix s'éleva, impérative :

— Mettez-moi mon chapelet autour du cou. Il est dans ma culotte.

La Sœur et moi nous cherchions en vain ses vêtements sur le lit voisin, sur les chaises. Nous les demandions aux infirmiers.

— En attendant d'avoir trouvé son cha-

LES BOMBES AÉRIENNES

pelet, murmurai-je, je vais lui donner le mien.

Il m'avait entendu.

— Non, non, dit-il vivement; c'est le mien que je veux.

On le découvrit enfin sur un meuble où ses poches avaient été vidées par son ami, le capitaine G... Son pieux désir satisfait, il parut plus calme. Ses mains touchaient les grains bénits. Il priait tout bas. De temps en temps une brève parole :

— Je décline..... Est-ce bientôt la fin ?..... Vous recommanderez ma femme à mon frère.

Son frère arriva. Capitaine d'artillerie attaché à la région voisine, il avait pu être assez vite informé et accourait de Verdun en auto. Il prit les mains du moribond qui lui dit :

— Je te recommande Marie !

Survinrent quelques visites : le général commandant le Corps; des camarades, commandants et capitaines; des officiers de la 3ᵉ armée, parmi lesquels je reconnus le fils du général Canonge. Tous étaient douloureusement émus et embarrassés pour trouver des paroles cordiales qui ne trahiraient pas trop leur angoisse. On évoquait des souvenirs du Maroc où il avait vaillamment servi. On disait de ces banalités qui ne trompent personne :

— Vous avez un peu de gêne respiratoire, mon cher, c'est tout naturel..... Du reste, vous savez, il avait souvent mal à l'estomac..... Souffrez-vous beaucoup ?.... Bah ! vous serez si bien soigné que demain vous vous trouverez mieux !

Doucement, et comme quelqu'un qui n'est pas dupe, il murmurait :

— Merci ! Merci !

Parfois, il poussait un grand cri que lui arrachait sans doute la douleur. Je pensais au Sauveur crucifié qui, vers la neuvième heure, criait d'une voix déchirante: « Mon Dieu, mon Dieu, pourquoi m'avez-vous donc abandonné ? » Le reste du temps ses plaintes étaient douces et à peine perceptibles.

Il dit encore :

— J'ai soif !

Et je lui rappelai que Jésus, dans sa

Passion, avait voulu éprouver aussi cette souffrance. L'infirmier lui humectait les lèvres, car il était interdit de le laisser boire. Il demanda qu'on lui mouillât le front.

La petite Sœur était partie pour rejoindre ses blessés à l'hôpital de Clermont. Les majors de l'ambulance revinrent avec le médecin divisionnaire; mais c'était pour avouer tristement leur impuissance. On fit encore une injection calmante.

Je récitai les prières des agonisants et la « recommandation ». Avec quelle émotion je souhaitai à celui qui, le matin même, fendait l'azur dans un vol rapide, « que le chœur resplendissant des anges vienne au-devant de son âme au moment où elle allait sortir du corps ».

Par deux fois il cria :

— Oh! mes jambes!

La souffrance était sans doute plus vive. Vers 18 h. 30, l'infirmier m'avertit que la fin était imminente. J'appelai le capitaine d'artillerie qui rédigeait un télégramme. Il me dit :

— J'ai toujours sur moi une petite croix de la bonne mort. Je vais la lui mettre dans la main.

Et ce fut ainsi, assisté par son frère, le chapelet au cou, les doigts joints sur la croix, que le capitaine aviateur rendit son âme à Dieu, ce dimanche soir, un peu avant 19 heures.

Je revins le lendemain prier auprès de lui. Par une faveur spéciale, que justifiaient les mérites du défunt, sa femme avait pu venir; je lui donnai quelques détails sur les derniers moments.

Le mardi matin, je célébrai la Messe dans la chambre mortuaire. Le général G. de S..., commandant notre division, voulut y assister. A côté du cercueil encore ouvert priaient le père, la veuve, le frère, l'ami, qui communièrent.

Comme je prenais congé d'eux devant l'automobile sanitaire qui allait emporter le corps à Rarécourt, tandis qu'une compagnie d'infanterie rendait les honneurs, ils me dirent :

— L'essentiel, pour nous, est qu'il ait fait chrétiennement le sacrifice de sa vie, et qu'il soit mort bien préparé, en brave soldat.

VIII — A L'AMBULANCE DE MONTZÉVILLE

Elle est installée dans une église, une vieille église lorraine du xviiie siècle, à la voûte de bois, à la tour carrée que coiffe un bizarre clocheton d'ardoises. Par les verrières aux couleurs douces, un peu ternies, la lumière tombe, discrète et apaisante, sur les pauvres yeux fatigués.

On a enlevé les bancs de la nef. Quelques-uns sont disposés près de la porte; ils servent de « salle d'attente » pour la visite ou la vaccination, de « salle à manger » pour les dix ou douze convalescents qui se lèvent au moment des repas. Encadrant une table, ils forment encore, sous la tribune de l'orgue, le « bureau des entrées » : c'est là qu'on inscrit les arrivants d'après la fiche que le médecin auxiliaire du poste de secours a fixée à un bouton de leur capote, et d'après la plaque d'identité qu'ils portent habituellement au poignet; c'est là aussi que le médecin-chef signe les évacuations et que les secrétaires rédigent les notes administratives.

Cinq rangées de lits occupent la nef, des lits de bois fabriqués par la scierie de Dombasle, que dirige le lieutenant Frachon, lits un peu frustes, sans doute, mais pas trop durs et bien garnis de couvertures et de draps blancs.

Chaque « travée » est commandée par un aide-major. Les infirmiers circulent, apportant les remèdes ou les repas, prenant les températures, recouvrant doucement un fiévreux qui délire, passant avec précaution un coussin sous les membres blessés, présentant le « pistolet » ou la « mandoline » à ceux qui réclament ces utiles instruments. J'ai souvent admiré leur patience, leur complaisance, leur fraternelle bonté.

— Allons, vieux, soulève-toi un peu. Tu vas voir, je vais bien t'arranger et tu dormiras mieux..... Non, tu ne peux pas boire, c'est défendu, ça te ferait mal..... Ah! tu as bien meilleure mine qu'hier; tu te remontes..... Oui, on va renouveler ton pansement, dans cinq minutes nous te portons sur le billard.

Le sanctuaire est fermé par deux draps formant portière : c'est la salle de pansements et d'opérations. Au mur, au-dessus des stalles, sont suspendues les longues blouses grises des médecins. A droite, une sorte de large comptoir porte les instruments de chirurgie ou les appareils de stérilisation. A gauche, la table d'opérations — le « billard », selon l'expression pittoresque des troupiers, — sur laquelle on étend le blessé pour les pansements ou les interventions chirurgicales. Le maître-autel est chargé de paquets de bandes et d'ouate hydrophile, sur lesquels semblent veiller les anges adorateurs agenouillés de chaque côté du tabernacle. Le sang des victimes de la guerre coule ainsi non loin de la pierre sacrée sur laquelle fut offert tant de fois le sang rédempteur du Christ. Dans les « coups de feu », quand les blessés arrivent nombreux, on panse et on opère aussi devant les deux petits autels latéraux.

Le pharmacien a installé ses bocaux à la sacristie. Quant au confessionnal, il est devenu une chambre noire à l'usage des photographes amateurs de l'ambulance. Dans la tribune de l'orgue sont les réserves de draps. Le clocher n'est habité que par les orfraies qui s'envolèrent, à grands bruits d'ailes, le jour où les cloches, depuis treize mois silencieuses, recommencèrent à chanter pour une victoire française.

Parallèlement à l'église, une grande baraque de planches a été construite, qui contient vingt lits utilisables en cas d'afflux considérable de blessés et qui peut aussi servir aux autopsies. Sur le même plan une tente Tortoise recouvre le « salon de coiffure » et la « salle de bains ». La tisanerie s'appuie au mur du chevet comme une de ces échoppes qui s'installaient entre deux contreforts des cathédrales du moyen âge.

Les services annexes se sont abrités dans des granges ou sous des hangars : cuisines et dortoirs des infirmiers, magasins, voitures et chevaux, dépôt mortuaire, popote des officiers entourée de son potager cultivé avec soin.

Mais c'est l'église qui est le centre de toute l'activité, le cœur de l'ambulance.

A la chute du jour elle prend un air paisible et mystérieux. Les lampes ne s'allument pas encore. Dans le crépuscule, les douleurs s'apaisent, les tristesses s'endorment. On se rappelle que ce grand dortoir de blessés est aussi une église. On croit sentir encore l'odeur de l'encens et entendre un écho de psaumes, de cantiques, de prières :

C'était une humble église au cintre surbaissé,
L'église où nous entrâmes,
Où depuis trois cents ans avaient déjà passé
Et pleuré bien des âmes.....

L'aumônier choisit souvent cette heure calme et recueillie de la « chute du jour » pour faire une de ses visites pastorales. Il va d'un lit à l'autre, caresse les fronts, serre les mains, encourage, console :

— Ah! voilà un brave garçon qui va beaucoup mieux. Tu seras bientôt guéri, mon petit. Les majors me l'ont dit. Nous avons prié pour toi hier soir, à la réunion; tu as eu une dizaine de chapelet..... Oui, j'ai écrit à ta femme, comme tu le voulais, que tu as été légèrement blessé; mais je n'ai pas ajouté le souhait habituel : « que la présente la trouve de même »..... Et toi, mon vieux, tu es arrivé ce soir? Comment vas-tu?

— Par-ci, par-là, Monsieur l'Aumônier. Pas bien mal. Si on pouvait m'évacuer dans le Midi, près de chez nous!

Chacun veut raconter comment il a été blessé. Il y a des cas bizarres. Cette balle suivit le trajet d'une artère sans la toucher. Cette autre semble avoir circulé avec précaution entre les organes, de manière à n'en léser aucun. En voici une troisième qui est entrée dans une bouche ouverte, effleurant à peine les lèvres et ne brisant qu'une dent, avant de se loger dans le maxillaire. Celle-là crève l'œil gauche d'un territorial et sort par la tempe.

— Tu n'as pas été renversé?

— Oh! non. Je n'ai pas lâché ma pipe ni ma pelle. J'ai dit au caporal : — Panse-moi, tiens; je crois qu'ils m'ont envoyé quelque chose sur l'œil. Je voulais ensuite aller à pied au poste de secours. Ils ont tenu à me coucher sur un brancard et ça m'a fait vomir.

Les éclats d'obus frappent, brisent,

tranchent plus brutalement, déchirent les chairs, broient les os.

Voici le brave B..., qui était seul hors de l'abri quand arriva une rafale. Un éclat lui coupa le bras gauche, qui ne tenait plus que par des tendons.

— Je le « ramassai », dit-il. On me pansa. Le lieutenant voulut me faire emporter sur un brancard. Mais dans le boyau je me levai pour marcher.

Il ne voulut point se laisser endormir quand les majors régularisèrent la plaie. Le moignon est excellent; l'état général parfait. J'ai écrit à la belle-sœur, au pays de Marennes, en Charente-Inférieure, qu'il reste encore un bon bras pour cultiver le « bien ».

Ce petit caporal a perdu beaucoup de sang. Mais la plaie a été bien drainée : l'infection est conjurée. Il reprend à vue d'œil.

— J'suis d'Paris, Monsieur l'Aumônier, d'la rue du Bac. D'ma fenêtre, j'vois l'jardin des Missions étrangères.

— Moi aussi j'suis d'Paris, d'la Bastille.

— Et moi, de la rue Buffon, Monsieur l'Aumônier. J'ai ma femme et ma petite Aline. Nous sommes marchands de vin. Je connais bien Mme de Las Cases et M. Philippe.

Un brave Ardéchois, agenouillé dans l'église d'Esnes, sous la voûte trouée naguère par l'obus allemand, a reçu sur la tête une pierre détachée de la brèche :

— Ma foi, dit-il, j'étais en train de demander à la bonne Vierge de me faire évacuer parce que je me languissais de chez nous. Pour un peu, j'aurais été trop exaucé. Par bonheur, j'ai le crâne solide!

De temps à autre, le général vient décorer un de ces braves qui s'est plus particulièrement signalé. L'officier gestionnaire crie : « Fixe ! » Tous les infirmiers se mettent au garde à vous. Les blessés et les malades tendent le cou pour ne rien perdre de la scène. Le général dit quelques mots de louanges et de félicitations; il donne l'accolade et épingle la médaille militaire sur la chemise ou sur le chandail.

Je me rappelle une décoration entre toutes émouvante, celle du maréchal des logis Sauzet, d'un de nos régiments d'artillerie. On nous l'apporta, le 4 janvier, la boîte crânienne défoncée par un éclat d'obus. Son casque l'eût protégé, mais il n'était coiffé, par malheur, que du képi. Le médecin-chef le trépana aussitôt. Il était dans le coma.

Je le vois encore, étendu sur le premier lit de la troisième travée, près de l'autel. C'était un beau jeune homme de vingt-deux ans, grand et robuste. Un infirmier fut mis de planton auprès de lui, jour et nuit, pour le maintenir, malgré ses mouvements désordonnés. On avait flanqué son lit de deux lits vides, comme de remparts. La division avait téléphoné : « S'il reprend connaissance, annoncez-lui qu'il a la médaille militaire. » Un infirmier prêtre l'avait absous dès son arrivée. L'aumônier qui lui avait donné l'Extrême-Onction guettait, lui aussi, le réveil espéré de la sensibilité et de la conscience.

— Dis, Sauzet, m'entends-tu?..... Si tu m'entends, serre-moi la main.

Les premiers jours, il demeurait insensible, les yeux clos. Le 8 janvier, il put avaler quelques cuillerées de lait et de bouillon. Il entr'ouvrait les paupières.

— Dis, Sauzet, veux-tu boire?..... Si tu veux boire, serre-moi la main..... Tiens,

regarde ce major qui passe, c'est ton « pays », il est de Pont-Saint-Esprit..... Si tu le reconnais, serre-moi la main.

Plus de doute, notre blessé voyait et entendait, mais il ne parlait pas. L'aumônier l'exhorta et lui renouvela l'absolution.

Le dimanche 9, le médecin-chef, entouré de tous les majors et de quelques infirmiers, vint au lit de Sauzet.

— Je suis, lui dit-il, le médecin-chef de l'ambulance où vous êtes soigné. Le général de division m'a chargé de vous remettre la médaille-militaire que vous avez méritée par votre bravoure. Si vous comprenez, serrez-moi la main.

Une brève étreinte. Une larme dans les yeux. L'aphasie était encore complète, et la paralysie avait atteint le côté droit du corps. Mais l'intelligence était assez nette. On alla chercher la médaille militaire, et le médecin-chef la remit au titulaire selon le cérémonial habituel :

— Maréchal des logis Sauzet, je vous décore de la médaille militaire..... Si vous avez compris, touchez votre médaille.

La main gauche du blessé se portait aussitôt à sa poitrine, où la décoration était épinglée. Elle caressait doucement le ruban jaune et vert.

Je dus m'absenter une huitaine de jours pour aller évangéliser une autre partie de notre secteur. Quand je revins, le pauvre Sauzet allait plus mal. De nouveau, l'intelligence était obscurcie, la paralysie gagnait, l'alimentation devenait difficile. La médaille militaire était tristement rentrée dans son écrin qui voisinait, sur la planchette du lit, avec des quartiers d'orange. Il traîna encore quelques jours, sans connaissance. Et le matin du 28, quand j'entrai dans l'église pour ma première tournée, le lit était vide.....

Tous ceux qui ont fréquenté les ambulances et les hôpitaux connaissent ce douloureux émoi. On a laissé la veille au soir un blessé, un malade en danger. On espère encore. Mais, pendant la nuit, la sinistre visiteuse est venue et au regard inquiet qui l'interroge le matin, l'infirmier de garde répond par un geste discret qui veut dire :

— Ne le cherchez pas..... Il n'est plus ici..... Nous n'avons pas pu le sauver !....

IX — LA MESSE DES ARTILLEURS

Comme je traversais, le samedi soir 4 mars, le bois où ils campent, les artilleurs, que je saluais au passage, m'arrêtèrent.

— Monsieur l'Aumônier, c'est demain dimanche. Comment ferons-nous pour avoir la Messe? Il est interdit de passer sur la crête, parce qu'on est en vue des « saucisses » boches. Nous ne pouvons donc pas aller à votre grange de Bethelainville !

J'offris aussitôt de venir célébrer en plein air, si le ciel demeurait serein. L'heure fut fixée. On me promit de dresser un autel et d'avertir les camarades des batteries voisines.

Le dimanche matin, vers 10 heures, par un temps clair et assez froid, j'arrivais au camp, avec mon ordonnance — le fidèle Caillol, — qui portait ma petite chapelle de campagne.

Imaginez le plus pittoresque bivouac. Comme cadre, les débris de la forêt qui vient mourir sur la croupe d'une colline escarpée. Taillis et baliveaux ont été coupés pour l'usage des troupes. Il ne reste que les « arbres de vingt-cinq ans », dont les Lorrains parlent avec respect et orgueil. Quelques-uns, et même de plus âgés, coupés avant la guerre, ne purent être transportés aux scieries et gisent encore parmi les herbes. Les autres dressent fièrement leurs troncs robustes, barrés de la raie noire des forestiers. Entre eux, des lierres et des ronces, des arbustes nains, un gazon piétiné et coupé de sentiers boueux qui se croisent en tous sens.

Dans ce décor, une organisation militaire : les chevaux à la corde, les harnais suspendus à de rustiques râteliers, des charriots de parc, des prolonges, des voitures, des caissons. Puis des « gourbis »

de tous styles, depuis la simple tente, à peine bordée par quelques mottes d'herbe, jusqu'à la cabane savamment édifiée à l'aide de branchages, de caisses vides, de débris variés. Les cuisiniers ont creusé des foyers, improvisé des tables : la soupe sera bientôt prête.

Le camp est traversé, dans sa longueur,

par une petite route forestière bien empierrée.

C'est là que l'autel a été établi. Orienté au Midi, il repose sur le tronc renversé d'un gros arbre. Des planches, recouvertes d'une toile de tente, forment table, retable et marchepied. Le menuisier, qui doit être un liturgiste distingué, a ménagé une crédence pour les burettes et fabriqué, avec les débris d'une caisse de savons, un petit pupitre qui recevra mon Missel.

J'installe, avec Caillol, mon drapeau qui recouvre tout l'autel de ses trois couleurs et dont le vent soulève les plis. Car le vent est assez vif. Il nous faut ramasser des pierres sur le chemin pour fixer les nappes, le voile du calice, le corporal. Tout est prêt. Je vais revêtir les ornements.

Soudain, un bruit traverse l'air et domine la vague rumeur du camp. Les oreilles exercées ne s'y trompent pas. C'est un moteur puissant. Zeppelin? Aviatik? Fokker? On entend les coups précipités de l'auto-canon qui garde les abords de Bethelainville; il fait probablement un tir de barrage. Quelqu'un crie : « Gare les bombes! » Les hommes se dispersent dans toutes les directions, se jettent dans un fossé, se coulent le long d'un tronc renversé, se glissent sous une voiture ou, faute de mieux, se couchent, le visage contre terre, pour présenter moins de surface aux éclats. C'est le cas de Caillol qui a d'ailleurs buté, en fuyant, contre une racine. Je n'ai pas le temps de me garer et je reste à côté de l'autel.

L'impression est poignante. On a plus d'angoisse qu'à l'arrivée d'un obus dont on connaît à peu près la direction. Le vilain oiseau qui nous survole paraît choisir la place où il enverra ses projectiles meurtriers. Chacun attend avec anxiété, et,

Sentant passer la mort, se recommande à Dieu.

Un grand bruit de ferraille, puis une double explosion. Encore un instant on courbe le dos, en se demandant si c'est fini. Puis la gaieté française reprend ses droits :

— Ah! Monsieur l'Aumônier, ce n'est pas souvent qu'on vous sonne ainsi votre Messe en fanfare!

— Mon vieux, as-tu vu ce cavalier qui a été désarçonné par le coup? Il a tout de même réussi à remonter sur sa bête.

— Tiens, là-bas, au milieu du chemin, il y a un sac que quelqu'un a perdu en se sauvant.

— Enfin, nous avons de la chance! Monsieur l'Aumônier, vous nous avez porté bonheur. Plus de peur que de mal!

Hélas! Il y avait du mal cependant. Quelques hommes nous en portent bientôt la triste nouvelle : trois morts et deux blessés. Je cours vers eux. Un de leurs camarades me conduit :

— Venez vite, Monsieur l'Aumônier. Il a un trou dans la tête, mais il parle encore..... Il a demandé le major...... Il sera content de vous voir aussi!

Nous marchons à travers le fourré dont les branches nous fouettent le visage. Dans son trouble, mon guide a perdu la direction. Il lui faut appeler pour retrouver son chemin. On lui répond. Nous voici arrivés au pied de l'arbre contre lequel un pauvre artilleur est assis, le front sanglant. Au sommet du crâne se voit une large blessure. Tout le monde s'écarte avec une discrétion respectueuse, et, agenouillé auprès du moribond, je puis le confesser sommairement, l'absoudre et lui donner l'Extrême-Onction.

L'autre blessé n'est que légèrement atteint à l'épaule. Je laisse le major se rendre auprès de lui et je vais dire une prière sur les morts.

Les deux premiers ont été frappés à côté d'un arbre qu'ils avaient choisi sans doute comme abri. Mais ils avaient mal prévu la direction du projectile : la bombe sournoise est tombée précisément du côté où ils se trouvaient. Leur sang et des lambeaux de leur chair ont arrosé d'une pluie rouge les arbustes voisins. Renversés l'un sur l'autre, les pauvres corps ont gardé l'attitude où la mort les surprit. Leurs yeux sont grands ouverts. Leurs bras, qui avaient dû se tendre dans un geste instinctif de défense, ne sont plus que des moignons sanglants. C'est un groupe d'horreur.

Un peu plus loin, au milieu du chemin forestier, un grand artilleur est couché, les bras en croix. C'est lui que, de loin, nous avons pris pour un sac abandonné. A trois pas, le trou conique creusé par la bombe qui frappa le malheureux en plein corps et lui mit les entrailles à nu. Son sang a rougi le chemin. Les cavaliers qui passent se détournent un peu pour ne pas le fouler et saluent gravement.

Un moment après, j'étais revenu à l'autel et je commençais la Messe, entouré des officiers et de tous les hommes disponibles. Pauvre « Messe des artilleurs » que nous avions rêvé de faire solennelle et un peu triomphale, elle prenait forcément un air funèbre, à cause des cadavres encore chauds qui reposaient à quelques pas. C'était vraiment, selon l'expression liturgique, la Messe « devant les morts, *præsente corpore* ».

Mais quelle leçon plus éloquente que toutes les paroles ! Je n'eus pas besoin d'arguments théoriques pour rappeler à mes auditeurs que la mort peut, à tout instant, frapper le soldat et qu'il faut être toujours prêt. Nous priâmes pour les chers défunts, pour leurs familles, pour la France.

— Tout de même, Monsieur l'Aumônier, me disait un des assistants quand je prenais congé, ceux-là n'ont pas beaucoup attendu des prières pour le repos de leurs âmes. La Messe des artilleurs était une « chic » idée.

L'après-midi, à 16 heures, je célébrais, au petit cimetière militaire de Bethelainville, les funérailles d'une des victimes. Les trois autres avaient été transportées aux cantonnements de leurs régiments.

Presque tous les hommes étant aux positions, le piquet d'honneur ne fut pas fourni. Quelques camarades sans armes suivaient le cercueil. Seul un brigadier présenta le sabre quand on le descendit dans la tombe. Mais le lieutenant de la batterie salua de quelques paroles patriotiques et chrétiennes celui qui était tombé au service de la France.

Comme je revenais à l'ambulance, on y amenait le blessé léger du matin que je n'avais pas encore vu. O puissance de l'imagination marseillaise ! Il déclare que c'est moi qui lui ai fait le premier pansement.

— Ah ! Monsieur l'Aumônier, je peux dire que j'ai de la chance. Si je n'avais pas baissé la tête, ça me coupait la figure. Et ça ne m'a enlevé que ma cigarette et un tout petit morceau d'épaule..... Aussi vous parlez que je monterai à Notre-Dame de la Garde et que je mettrai un cierge à la bonne Mère.

<hr>

X — LA MORT DU MISSIONNAIRE

Un matin, dans la petite grange qui nous sert de chapelle depuis que l'ambulance de Montzéville a été transférée dans l'église de Bethelainville, je vis un brancardier du génie qui s'apprêtait à revêtir les ornements sacerdotaux. C'était un grand jeune homme maigre et pâle, aux moustaches tombantes.

A la question que je lui adressais sur sa situation ecclésiastique, il me répondit qu'il appartenait à la Société des Missions étrangères et qu'il était revenu du Japon au moment de la mobilisation. Mais il n'eut pas besoin de me dire son nom : je l'avais déjà deviné à sa voix extraordinairement semblable à celle de son frère, secrétaire d'un service de notre « Presse régionale », à Paris, et actuellement sergent dans un des régiments de ma division.

— Vous êtes le P. Henri Auger, le frère de Maurice et de la Petite-Sœur de l'Assomption, le fils du commandant du génie, à Lorient, le cousin des Petit de Julleville.

Il souriait doucement à me voir si bien renseigné et me promit de venir passer ses heures de repos dans la chambre des aumôniers, en face de la grange : c'était un peu le cercle militaire du cantonnement.

Pendant toute la semaine il y vint. Sa compagnie travaillait la nuit dans les bois, partant du village vers la chute du jour, y rentrant à 3 heures du matin. Il l'accompagnait régulièrement et, bien que dispensé par ses fonctions de brancardier, il maniait la pioche et la pelle.

— C'est pour me réchauffer, disait-il.

C'était aussi pour donner le bon exemple, pour édifier ses camarades, et j'ai su qu'il y réussissait pleinement. Lui, cependant, par grande humilité, croyait ne faire aucun bien et s'en plaignait un peu dans les entretiens que nous avions ensemble, au coin du feu, avant ou après la « soupe ». Quand il avait parcouru les journaux, lu quelques pages d'un livre de piété, griffonné une carte postale, je cessais un moment d'écrire et nous causions.

Nous causions de Saint-Sulpice, où il avait passé trois ans, et de nos amis communs, de sa famille, de son frère, le sergent, qu'il espérait rencontrer bientôt. Mais le sujet favori, celui auquel il revenait le plus volontiers, c'était sa chère église du Japon. Il nous disait ses beaux espoirs apostoliques, la ferveur de sa jeune chrétienté, la simplicité familiale de ses rapports avec ses paroissiens, son désir de les revoir bientôt, quand la France victorieuse n'aurait plus besoin de lui.

Sa rude vie de terrassier, les courses nocturnes, le sommeil insuffisant, l'avaient fatigué et amaigri. Nous aurions voulu qu'il prît quelque repos.

— Mais non, disait-il, je vais bien. Ce qui me fait paraître plus maigre, c'est l'absence de ma belle barbe de missionnaire. Il m'a fallu la sacrifier pour pouvoir mieux fixer sur ma bouche le masque contre les gaz. Ah ! je l'ai regrettée. Aussi, pour protester, je porte les moustaches à la chinoise.

Je voulais, du moins, mettre à sa disposition mes réserves de linge, de lainages, de provisions. Très discret, il n'accepta qu'une paire de chaussettes et un paquet de bougies, pour lire un peu le soir.

Son austérité n'était, d'ailleurs, point triste ni chagrine. Malgré la fatigue accumulée pendant cette période de travaux pressants, il se montrait plein de joyeux entrain et de belle confiance.

— Vous savez, disait-il en riant, je ne vois aucune raison de périr à la guerre, je compte bien échapper à MM. les Boches et revoir mes Japonais !

Le dimanche 5 mars, nous organisâmes, dans notre grange-chapelle, l'adoration des Quarante-Heures. Toute la journée le Saint Sacrement demeura exposé. Nos prêtres brancardiers se relevaient d'heure en heure pour monter la garde auprès de l'ostensoir. Beaucoup de soldats vinrent prier, ainsi que des « civils », qui devaient être évacués quelques jours plus tard. Le P. Auger fut un des plus assidus. Je le vois encore, à la réunion du soir, émouvante par la foule qui se pressait dans l'étroit espace, et par les formidables grondements des batteries voisines, échos de la grande bataille. Agenouillé à côté de l'autel, il priait de toute son âme.

Le matin, après sa Messe, il avait présidé les funérailles d'un homme de sa compagnie. Je lui avais donné une petite fiole d'eau bénite pour asperger la tombe. Il me

la rapporta à demi pleine : ce qu'il en restait devait servir pour lui le lendemain.

Il était parti la nuit pour le village de Montzéville, terriblement bombardé depuis quelques jours. Les sapeurs étaient chargés de démonter des baraques dont le commandement voulait se servir un peu plus à l'arrière.

Le lundi, vers l'heure où le bon missionnaire avait coutume d'entrer dans notre chambre, un sergent de sa compagnie se présenta.

— Monsieur l'Aumônier, voulez-vous faire, ce soir, l'enterrement d'un de nos camarades qui vient d'être tué à Montzéville ?

Comme nous demandions, avec un douloureux émoi, quelques détails, le nom du mort, il ajouta :

— C'est le brancardier Auger, le meilleur de tous, le plus « chic », le plus dévoué..... Au lieu de s'abriter, il était resté seul avec les travailleurs...... Une « marmite » est tombée à côté de lui et l'a tué raide.....

Quelques moments après, le corps était apporté sur un brancard, enveloppé d'une toile de matelas, linceul de fortune que les sapeurs avaient pris dans une maison abandonnée. On le déposa sous la tente Tortoise de l'ambulance en attendant que le cercueil fût préparé. Je restai à prier et à méditer auprès de lui.

Le jeune apôtre avait rêvé sans doute, dans l'enthousiasme de ses vingt ans, de tomber martyr de la foi. Il était mort martyr de la patrie. Son pauvre corps était mutilé par l'obus ennemi comme il aurait pu l'être par des bourreaux de l'Orient. Ses mains, qu'avait consacrées l'onction sacerdotale, étaient tranchées. Ses pieds étaient broyés, — ses pieds que la foule baisa, au jour du « départ », à la rue du Bac, en chantant l'antienne traditionnelle : *Quam speciosi pedes evangelizantium pacem.....*

Son visage, brûlé et noirci par la déflagration du projectile, gardait cependant un air de jeunesse, de calme, de douceur. Le serviteur fidèle et courageux était entré dans la paix et dans la joie de son Maître.

Pieusement, je détachai de son cou ses médailles et son crucifix à demi brisé ; de sa capote une image du Sacré Cœur entourée de caractères japonais et la barrette de sa croix de guerre — il avait déjà été cité à l'ordre de la division. Ces précieuses reliques sont déjà entre les mains du vieil officier qui sut élever ses fils dans la foi chrétienne, dans le culte de l'honneur, dans le dévouement à la patrie.

Sur la tombe où nous avons déposé les restes mortels du missionnaire, se dresse une humble croix de bois. Ses camarades y ont gravé grossièrement, avec la pointe d'un clou rougi au feu, cette simple inscription :

HENRI AUGER,
prêtre brancardier à la ...ᵉ comp. du génie,
mort pour la France.

Et depuis, quand je rencontre un sapeur de cette compagnie, il ne manque pas de me dire :

— Ah ! Monsieur l'Aumônier, nous avons perdu le meilleur de nous tous !

⁎⁎

Le père du missionnaire m'a écrit une lettre si belle que j'en veux citer ici quelques passages :

Lorient, le 21 avril 1916.

Monsieur l'Aumônier,

Quel soulagement pour mon cœur, et quelle douceur aussi, que votre lettre ! Avant tout, merci de ce que vous avez fait pour mon pauvre enfant rappelé à Dieu ; du réconfort que votre présence près de lui et votre fraternel accueil ont donné à ses derniers jours. Merci du concours de votre ministère pour prier sur ses pauvres restes et lui donner la sépulture chrétienne. Merci de ses chères reliques recueillies par vos soins charitables et qui me sont — qui nous sont à tous — un inestimable trésor. Merci, enfin, de ces pages exquises, qui m'ont, ce soir, presque rendu mon enfant.

Bien des lettres d'amis sincères, de prêtres qui l'ont connu de près, qui l'ont aimé de longue date, m'ont apporté, en ces dernières semaines, le vivant témoignage de la tendre sympathie qu'il avait le don d'inspirer. Aucune, à beaucoup près, ne m'a donné autant de consolation que ces lignes émues, si simples, mais si vécues, que vous avez tracées à sa mémoire. Il me semblait, à travers mes larmes,

en vous lisant, le voir et l'entendre lui-même. Le portrait tout intime que vous avez esquissé de lui est d'une intensité de vie saisissante. Il prendra place, en tout premier rang, dans nos archives familiales. Mais vous ne sauriez croire, et je ne puis vous le dire dans une lettre, le bien immense qu'il m'a fait.

Veuillez croire que, si je ne vous avais pas écrit, ce ne sont ni la pensée ni le désir qui m'en ont manqué. Les lettres de Maurice m'avaient depuis longtemps parlé de vous. Il m'avait dit que c'était par vous qu'il avait appris la triste nouvelle, que vous aviez béni la chère tombe, que vous m'enverriez ses reliques..... Il n'avait oublié que de me donner votre adresse. Et j'aurais tant voulu l'avoir, ces dernières semaines surtout !

Car mon pauvre Maurice, hélas ! vous me demandez de ses nouvelles, et j'en demande moi-même en vain partout, depuis un mois bientôt. J'espérais que vous en aviez et je ne savais où vous écrire. Depuis la cruelle journée, il m'avait adressé une carte ou une lettre tous les jours : le 8 mars d'abord, pour me l'annoncer, puis du 11 au 19, neuf jours de suite, pour me donner tous les détails qu'il avait pu recueillir. Dans la dernière, il m'envoyait quelques brins de gazon cueillis sur la terre où repose son frère....., puis plus rien. Il semble qu'il ait attendu d'avoir pleinement accompli sa douloureuse mission de piété filiale et fraternelle pour disparaître à son tour comme un bon et fidèle serviteur qui a fini sa tâche. Le 19 ! Et c'est le 20 que l'effort ennemi s'est déchaîné sur la rive gauche de la Meuse.....

Je ne conserve plus guère d'espoir, et j'aimerais mieux le savoir au ciel, près de son frère, dont il était si digne à tous égards, que prisonnier de ces sauvages..... Ils s'aimaient si tendrement que je les appelais volontiers « mes jumeaux ». Et ce m'est une consolation, si je dois les pleurer tous les deux, de penser que le bon Dieu leur aura donné là-haut ce revoir qu'ils avaient tant espéré et touché de si près ici-bas.

Quelques jours plus tard, le commandant apprenait que son fils Maurice était prisonnier en Allemagne.

XI — LE PRÊTRE AVIATEUR

J'ai souvent parlé dans mes « Notes » du prêtre combattant et du prêtre infirmier ou brancardier. Mais mon énumération était incomplète. Voici que, dans la grande bataille, le clergé de France travaille sur

de nouveaux champs d'action et de dévouement.

Ces jours derniers, j'ai rencontré le prêtre chauffeur d'automobiles. C'est un de mes compatriotes, l'abbé Tournaud. Il

était infirmier dans un hôpital de l'arrière, quand on demanda des volontaires pour conduire les autos sur le front. Déjà pourvu du brevet de chauffeur, il se présenta et fut agréé. Depuis un mois, il roule dans la région de Verdun, et je vous assure qu'il ne fait pas figure d'embusqué. Les transports de munitions et de troupes par automobiles ont eu, ces temps-ci, une importance de tout premier ordre. Nuit et jour — nuit surtout, — on transporte aussi les blessés des postes de triage aux ambulances. Les routes sont, le plus souvent, repérées par l'ennemi qui les arrose de grosses « marmites ». Il faut marcher, phares éteints, sur des chemins encombrés, boueux, défoncés par les obus. Il faut aussi veiller à ne pas augmenter les souffrances des pauvres blessés par une allure trop vive ou des secousses trop brusques.

La fatigue physique, la tension nerveuse, le danger couru, rendent ces fonctions méritoires autant qu'utiles.

En causant de notre pays limousin, l'abbé Tournaud et moi, nous nous demandions ce qu'auraient pensé nos vénérables anciens, M. Pénaud et M. Delor, de tenue si parfaitement ecclésiastique, en voyant un ancien professeur de Felletin revêtu du complet de toile bleue et de la peau de bique, la main au volant d'un char sans chevaux.....

Mais voici mieux encore. J'ai rencontré l'abbé aviateur. Je ne le reconnus pas tout d'abord. Un mois avant la guerre, je voyais à Saint-Sulpice un séminariste à la mince silhouette et au visage pâle. Je retrouvais, vingt mois après, un jeune prêtre de large carrure et de belle mine. Sur la manche de son dolman bleu, il porte l'hélice d'or avec les deux ailes de l'aviation, et les galons de lieutenant. Son teint est vermeil. Il vit dans l'air pur et prend des bains d'oxygène à 4 000 mètres au-dessus de nos fumées et de nos microbes.

— C'est bien moi, répondit-il à mon interrogation étonnée. J'avais fait mon service militaire dans l'artillerie. Tout comme un autre, j'étais devenu officier de réserve. J'ai commencé la campagne dans l'artillerie lourde. A ma première permission, j'ai été ordonné prêtre. Quand on a demandé des observateurs pour l'aviation, je me suis mis sur les rangs, et voilà plusieurs mois que je vole.....

J'amenai le prêtre aviateur à ma popote, dont il fut ce jour-là le héros. Le médecin principal, le pasteur protestant, le toxicologue, le jeune major, aussi bien que l'officier d'administration, ne se lassaient pas de le questionner, et il se prêtait de bonne grâce à notre curiosité. Il nous parla d'artillerie et d'aviation avec une compétence, un bel entrain, une confiance raisonnée qui nous réchauffaient le cœur.

En l'écoutant, j'admirais la puissance d'adaptation du caractère français, la souplesse merveilleuse de notre race. Voilà un jeune homme qui fait son droit, qui entre au Grand Séminaire. Pendant cinq années consécutives — interrompues seulement par le service militaire, — il étudie la philosophie et la théologie, l'histoire ecclésiastique et l'exégèse.

ON RACONTE LES PROUESSES DE GUYNEMER

La guerre éclate : le voilà artilleur remarquable — je l'ai su par ses chefs, — et, bientôt après, aviateur habile.

Il garde cependant la simplicité sulpicienne et la plus charmante modestie.

— Monter en avion! Mais rien de plus simple, je vous assure. C'est comme si vous preniez un taxi! J'ai un pilote excellent, en attendant de pouvoir piloter moi-même. Le danger? Oh! les artilleurs boches, dans cette région du moins, tirent si mal! Quant aux mitrailleuses, si on y est trop exposé, il reste à fuir comme un brave, pour revenir se mieux placer, un peu au-dessous, en arrière..... Oui, c'est vrai, il fait un peu

froid là-haut, mais nous sommes chaudement vêtus: combinaisons, fourrures. Nous pouvons braver le zeph!

Suit une amusante énumération des termes spéciaux de l'aviation — l'argot aérien.

Le « zeph », c'est le vent, le zéphyr. Un appareil s'appelle un « coucou », un « zinc », et le pilote qui brise son avion est dit « bouziller un zinc ». Se mettre en pylône ou en chandelle, c'est monter ou descendre verticalement. Descendre se dit encore « piquer ». Gaspiller ses munitions dans un tir inutile, c'est « tirer dans le bled » ou « d'après la carte ». Enfin, se battre contre un aviatik ou un fokker, c'est « s'expliquer avec un Boche ». J'en passe, et des meilleures.

Les anecdotes, comme vous pensez, ne manquent pas. On raconte les prouesses de Guynemer, qui fut légèrement blessé près de notre cantonnement. Comme le commandant de l'escadrille lui reprochait de s'être attaqué témérairement à deux ennemis :

— Mais, mon capitaine, répondit le héros ingénu, je croyais avoir le temps de m'expliquer avec le premier avant l'arrivée du second.

— Quelles sont, dit l'un de nous, vos

ON LUI DEMANDE DE BÉNIR LES NOUVEAUX « COUCOUS »

relations avec les « saucisses » ? — et ce « propos de table » nous fit tous rire.

— Détestables, répond l'aviateur. Leurs câbles ne se voient pas. On peut y accrocher son hélice. Aussi, nous les fuyons, en montant plus haut.

Nous apprenons avec joie les progrès réalisés par l'aviation française ; le nombre d'appareils décuplé depuis la guerre, la supériorité des Nieuport, la merveilleuse habileté de nos pilotes qui se jouent dans les airs comme de vrais oiseaux.

Mais l'abbé insiste sur un point qui lui semble à bon droit important. Une légende s'est formée qui représente les aviateurs comme des fous, des cerveaux brûlés, des noceurs. Rien de plus faux. Et il nous fait un tableau charmant de la vie d'une escadrille. Franche gaieté, sans doute, bravoure joyeuse, comme il sied à des fils de France dont beaucoup n'ont pas plus de vingt ans. Mais aussi, dignité de vie, bonne éducation, respect de soi-même et des autres. Le jeune prêtre qui vit fraternellement avec ses vingt camarades pilotes ou observateurs n'entend jamais un mot déplacé. On vient souvent assister à sa Messe ou lui demander de bénir les nouveaux « coucous ». Plusieurs officiers communient chaque dimanche. Quand un compagnon d'armes est tombé (l'expression est bien juste, hélas!), l'abbé célèbre le Saint Sacrifice pour le repos de son âme, devant toute l'escadrille réunie.....

En reconduisant notre aimable hôte, je lui disais :

— Vous rappelez-vous le temps de votre Séminaire à Issy, et les vols d'avions au-dessus du parc et du terrain de manœuvre des Moulineaux ? Qui vous eût dit alors que vous seriez un de ces hardis chevaliers de l'azur ? Vous ne montez pas seulement à la « montagne sainte » dont nous parlons tous les matins aux prières de la Messe, mais vous vous élevez jusqu'au ciel ! Quel symbole pour votre vie sacerdotale !

— Je n'ai garde de l'oublier, me répondit-il, et mon cher directeur de Saint-Sulpice me le rappelle aussi. Il m'écrivait récemment :

« Notre père, M. Olier, n'aurait pas manqué de vous conseiller de méditer, quand vous montez, sur l'Ascension, et, quand vous descendez, de réfléchir au Purgatoire. »

XII — UN ENTERREMENT EN TRAIN BLINDÉ

Je sortais de l'ambulance de Dombasle quand un grand maréchal des logis de la « lourde » m'aborda. C'était un séminariste de Saint-Sulpice qui m'avait aperçu à Issy un jour de conférence.

— Monsieur l'Aumônier, me dit-il, nous avons eu ce matin deux morts par bombes d'avions. Le capitaine du train voudrait faire les funérailles ce soir, après le travail. Pourriez-vous venir ?

Je profitai d'une auto sanitaire pour remonter à Bethelainville chercher mon petit bagage et prendre congé de mon confrère qui assurait le service de l'autre ambulance.

A 16 heures, j'étais à la gare indiquée, demandant le train blindé. Il me fallut marcher encore un quart d'heure pour le trouver, sur la voie montante, près d'un passage à niveau. A première vue, on croirait rencontrer un honnête train mixte comportant de nombreux wagons de marchandises et quelques voitures de voyageurs. Mais une observation plus attentive fait bien vite reconnaître des particularités curieuses.

Les grands wagons sont des chambrées. De larges et fortes planches forment dans chacun des couchettes pour huit hommes. Les compartiments de première et de deuxième classes sont transformés en chambres d'officiers : une banquette sert de lit ; à la place de l'autre on a monté une table de travail et une toilette.

Une des deux locomotives, toujours sous pression, à feu doux, permettrait au train de partir très vite, s'il le fallait, et lui fournit en même temps le chauffage. Quelques poêles y suppléent là où ne pénètre pas le tuyautage à circulation d'eau chaude.

Il y a encore les wagons-cuisines, les wagons-salles à manger, le wagon-bureau du capitaine, les wagons-ateliers de fer et de bois, magasins, remises à outils. L'infirmerie n'a qu'un demi-wagon, l'autre moitié étant occupée par les P. T. T. et la T. S. F.

Le train doit se suffire à lui-même : c'est comme une longue file de ces maisons roulantes qui transportent, sur les routes du monde, les Bohémiens et tout leur avoir.

Par prudence et discrétion (Taisez-vous ! Méfiez-vous !) je ne parle pas des châssis-canons ni des réserves de munitions sous blindage. Si vous le pouvez, imaginez ces parties techniques de la formidable machine, habilement camouflées pour échapper aux observations des aviateurs ennemis.

J'eus le plaisir de reconnaître dans le capitaine du train l'officier d'artillerie qui m'avait si fort édifié, un mois auparavant, au lit de mort de son frère l'aviateur. Il me conduisit aussitôt à un wagon-dortoir qu'on avait transformé en chapelle ardente. Sur les rayons des couchettes, à droite et à gauche, les deux morts reposaient, enveloppés de toiles de tentes — c'est le linceul habituel du soldat — et recouverts de draps blancs. Entre eux, sur la tablette supérieure, deux bougies brûlaient, encadrant, à défaut de crucifix, une image mortuaire que le capitaine avait choisie dans son livre d'heures parce qu'une croix noire y était imprimée — mémento d'un jeune prêtre que j'avais connu et qui fut son intime ami. — Un côté du wagon était ouvert sur la campagne tout ensoleillée ce jour-là. Sur une chaise pliante, dans l'angle, un artilleur pleurait. C'était un robuste Normand, beau-frère d'une des victimes.

Après avoir réglé l'heure et le détail du convoi, je revins au cantonnement en suivant la voie du chemin de fer.

A 18 h. 3o, j'étais de retour au train. Les hommes quittaient le travail (des terrassements pour la mise en batterie de la pièce) et se groupaient devant le wagon, sur la voie descendante. Le piquet d'honneur était sous les armes. Un artilleur grimpa auprès de moi, glissa dans une enveloppe jaune quelques médailles qu'il plaça entre les mains jointes d'un des morts. Les cercueils, préparés par les menuisiers du train, attendaient, ouverts, en travers des rails.

Les corps, placés sur des brancards, y furent descendus, puis recouverts de drapeaux que j'avais apportés. Tout se fit avec calme et précision, sous la direction de l'aide-major, comme une manœuvre militaire.

Pendant ces préparatifs, la nuit était venue. On alluma trois lampes-tempête. Je récitai le *De profundis*, et, traversant le train qu'on venait de couper, nous nous dirigeâmes vers le cimetière. La marche était pénible, dans la demi-obscurité, sur un chemin boueux et plein de fondrières. Les porteurs devaient s'arrêter souvent pour se relever par équipes. Après avoir psalmodié le *Miserere*, le *Subvenite* et le *Libera*, je récitai un chapelet auquel répondait le séminariste qui portait la croix et le bénitier.

Quand nous arrivâmes aux tombes, ordre fut donné d'éteindre tous les feux. On craignait le voisinage des « saucisses » boches. Les commandements se donnèrent à mi-voix pour faire présenter les armes. C'est à mi-voix aussi et comme à tâtons que je bénis la fosse et prononçai les dernières prières. A mi-voix encore le capitaine prit la parole pour rendre hommage aux deux braves qui étaient tombés à leur poste de travail, sans reculer d'un pas. C'étaient les premiers morts de la batterie depuis le commencement de la guerre : l'un avait fait toute la campagne, l'autre n'avait rejoint que depuis quelques jours. Gravement, le chef rappelait à ses soldats, comme un père à ses enfants, le grand devoir du dévouement à la patrie, jusqu'au sacrifice ; il leur montrait, comme récompense de leur abnégation, la victoire prochaine ; il les invitait à venger leurs camarades et terminait par un acte de foi et de confiance en Dieu.

Tous les hommes défilèrent alors devant la tombe, jetant l'eau bénite. La plupart appuyaient ensuite un doigt sur le goupillon et se signaient. Quelques-uns ramassaient une poignée de terre et la jetaient sur les cercueils, comme on fait au village.

Le lendemain à 6 heures, avant le travail, je célébrais la Messe des funérailles dans un wagon-dortoir où un autel avait été dressé. Autour de moi, le capitaine, le séminariste qui me répondait et le grand artilleur normand représentant la famille. Toute la batterie et même les territoriaux qui aident aux terrassements — 3oo hommes environ — étaient rangés, officiers en tête, sur le ballast et dans le pré que longe la voie. Par la large baie ouverte, ils pouvaient suivre aisément la cérémonie, et, en me tournant vers eux, après l'Evangile, je leur parlai comme d'une tribune. A ces fils de nos provinces chrétiennes, à ces Bretons et à ces Normands, je rappelai le devoir de la prière pour les morts, je recommandai le souvenir des morts comme encouragement à continuer leur œuvre et à bien servir la grande cause pour laquelle ils sont tombés.....

Je fus invité par le capitaine à prendre le « jus » traditionnel à la popote des officiers, dans le « wagon-restaurant ». Tout en mélangeant café et lait concentré, nous eûmes une aimable et intéressante causerie. On me donna des détails pittoresques sur la vie du train. J'affirmai mon admiration pour l'A. L. G. P. sur V. F. (A l'usage des profanes, je traduis : artillerie lourde à grande puissance sur voies ferrées.) Comme je demandais des nouvelles de la « Grosse Julie » dont les journaux avaient parlé au temps de l'offensive en Champagne, on m'apprit qu'elle s'était « enrouée » et avait dû aller se faire soigner à l'arrière. En revanche, « Désirée » était bien en forme et ferait peut-être entendre bientôt sa belle voix d'acier.

Plusieurs fois, je suis revenu au train. En coupant à travers prés, nous sommes presque voisins. Tant que j'ai été à proximité de leur batterie, j'ai pu aller célébrer pour ces braves artilleurs, la Messe du dimanche. Plus tard, quand ma division s'éloigna, je fus remplacé par mon ami, l'abbé Desgranges. La petite paroisse roulante et tonnante eut toujours la visite de l'aumônier.

XIII — LE PREMIER MOIS DE LA BATAILLE

On nous disait: « Verdun est un pivot, une charnière. C'est un secteur de tout repos, une position de père de famille. La bataille a fait rage en Argonne et aux Eparges. Verdun n'a pas bougé et ne bougera pas. » Cependant, dès le début de l'année 1916, on commençait à parler d'une offensive possible des Boches. Les aviateurs avaient signalé des travaux considérables et des mouvements de troupes. Quelques déserteurs s'étaient rendus dans nos lignes, disant qu'on parlait d'une grande attaque et qu'ils avaient fui pour en éviter le péril. Mais on se demandait si ces révélations étaient bien sincères. Les Boches, passés maîtres en fourberie, n'avaient-ils pas envoyé ces émissaires pour nous leurrer en nous incitant à masser des renforts autour de Verdun alors qu'ils se préparaient à nous attaquer sur un autre point ?

Pour certains, le bombardement de Verdun à grande distance était possible, et même probable. Mais des attaques directes, spécialement sur la rive gauche de la Meuse, ne semblaient pas à redouter.

Quoi qu'il en soit, le commandement prenait ses dispositions. Les permissions étaient suspendues. Des troupes arrivaient pour activer les travaux de défense. On creusait des tranchées sur la cote 310 et sur la route de Montzéville à Esnes. On augmentait les réseaux de fil de fer. Parfois un avion boche passait, qui repérait nos travailleurs et leur faisait envoyer quelques fusants. Nous eûmes ainsi quelques hommes tués et blessés sur la crête, entre Montzéville et Esnes. Le 3o janvier, nous faisions à Montzéville les funérailles d'une de ces victimes, un brave Breton, que le commandant de Bray saluait dans sa tombe en quelques mots très militaires et très chrétiens.

Le 1er février, le général Carbillet quittait le commandement de la 29e division pour se mettre à Neufchâteau, à la disposition du général Dubail. Il était remplacé par le général Guyot de Salins, ancien commandant de notre 57e brigade.

Nos réunions militaires continuaient chaque soir à Esnes, à Montzéville, à Béthelainville et à Dombasle, le dimanche.

ON AUGMENTAIT LES RÉSEAUX DE FIL DE FER

Nous avions à Bethelainville le concours obligeant et apprécié de M. le curé de Vigneulles, qui venait d'être réformé, et que Mᵉʳ Ginisty avait chargé de la paroisse.

Le dimanche 6 février, notre régiment de Bretons nous quittait. J'allais assister à Dombasle le capitaine Besnier, de l'état-major du 5ᵉ Corps, blessé mortellement en avion. Le mercredi 9, nous voyions partir un régiment territorial qui avait cantonné à Esnes, à Montzéville, à Bethelainville; j'y avais rencontré plusieurs amis. Le samedi 12 arrivaient deux nouveaux régiments, et la population civile d'Esnes était évacuée.

C'était la première opération de ce genre qui se passait sous nos yeux. Elle était navrante. Les pauvres gens s'arrachaient avec larmes à leurs maisons pour prendre place dans les grands camions automobiles qui devaient les emporter. Ils n'avaient droit qu'à un petit bagage, tenu à la main. Les gendarmes surveillaient l'embarquement. Chaque auto recevait un chiffre déterminé de voyageurs, et parfois des enfants risquaient d'être séparés de leurs mères. C'étaient des scènes émouvantes. Nos poilus y assistaient, saluant les familles qu'ils connaissaient, promettant de veiller sur la maison, de bien défendre le « pate-

lin ». Un fourrier se déclara solennellement tuteur et père nourricier d'une chèvre qu'on ne pouvait emmener. Les maisons furent fermées et les clés remises au major du cantonnement.

Deux nouveaux régiments de travailleurs nous arrivent. En même temps, l'ambulance 7, trop exposée à Montzéville, se replie sur Bethelainville. Le déménagement et l'installation nouvelle se font avec ordre et rapidité. L'église de Bethelainville est vidée de tout son mobilier et reçoit les lits et tout le matériel sanitaire. Nous transformons en chapelle la grange du presbytère : un autel installé par Caillol, qui est un menuisier distingué, quelques bancs sur le sol, des draperies pour voiler les poutres du toit. Le dimanche, la grande porte sera ouverte, et les fidèles qui ne pourront pas entrer se tiendront sur la route. Pendant la nuit, nous transporterons le Saint Sacrement dans une armoire de la chambre des aumôniers.

Le 20 février, nous commençons à entendre la canonnade sur la rive droite. On pense toujours au bombardement de Verdun, mais sans croire encore à une action d'infanterie.

Le 21, le bruit du canon est plus intense et les ordres arrivent. Le général Guyot de

Salins va s'installer, avec le chef d'état-major et quelques officiers, à la cote 310 dont l'abri a été récemment mis en état. Le commandant de la 57ᵉ brigade se rend au bois de Malancourt avec ses deux colonels ; celui de la 58ᵉ est à la cote 304 et les colonels occupent leurs « centres ». J'étais allé à Dombasle pour prendre des nouvelles. Je suis le lieutenant T... qui se rend en auto à Montzéville et à Esnes. Le médecin-major B... installe dans les caves du château d'Esnes son poste de secours. Il y sera admirablement secondé par les médecins auxiliaires B... et G...

Les routes sont encombrées. Grande animation dans les villages, mais bon ordre, pas d'affolement.

Le 22, commence le bombardement de Montzéville. Quelques maisons sont atteintes et malheureusement aussi quelques soldats. L'église est encore épargnée. A peine abandonnée par l'ambulance, elle n'aura servi au culte que peu de jours.

On y dépose les morts dont le convoi se fait à nuit close. Nous profitons aussi de la nuit pour enlever nos derniers bagages. Beaucoup d'habitants sont déjà partis,

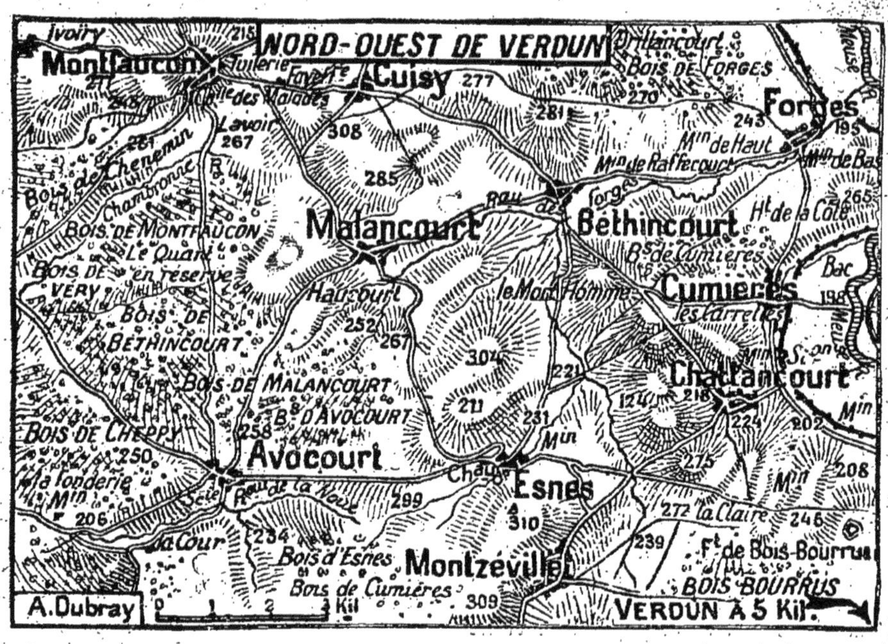

mais quelques familles ne peuvent pas se décider à abandonner leurs maisons. Mᵐᵉ T..., chez qui nous habitons, se réfugie dans sa cave et vit de pommes de terre ; les soldats lui donnent un peu de pain. Elle n'est pas effrayée, bien que sa cour ait déjà reçu un obus qui a tué plusieurs hommes dont le sang se voit encore sur les pierres et contre la porte de la grange.

Le mercredi 23, nouveau bombardement de Montzéville. Notre ami, l'abbé Henri Lassalle, de Toulouse, y gagne une citation. Il était venu de Germonville nous faire une aimable visite, écrire quelques cartes, dire sa Messe, se ravitailler. Nous aurons le

plaisir de le voir plusieurs fois pendant la semaine et d'admirer son entrain, sa vaillance, sa bonne gaieté. Un matin, il nous apporte de Montzéville le Saint Sacrement qu'il serait imprudent d'y laisser. Le bombardement continue. Les environs de Béthelainville se garnissent d'artillerie qui riposte vigoureusement. Dans nos courses nocturnes, nous rencontrons les caissons qui ravitaillent. Un soir, il a gelé fortement et la route est glissante. Les chevaux avancent péniblement. Il faut pousser à la roue. La musique du 3ᵉ nous accompagne, se rendant à Esnes, pour prêter main-forte aux brancardiers régimentaires. Nombreuses chutes sur la glace. On rit et on plaisante. Le moral est bon.

Je vais tous les jours à Dombasle pour visiter l'ambulance 14. En traversant le bois, je retrouve l'abbé Lassalle qui y campe et je salue mon compatriote, M. Deruppé, et M. Duguet, de la Jeunesse catholique de Toulouse.

Le premier bombardement de Bethelainville date du dimanche matin 27 février. On crut d'abord que c'étaient des coups dirigés sur la « saucisse » française qui s'élevait dans notre voisinage. Ces coups, trop courts, auraient atteint, par mégarde, le village.

TRANSPORT D'UN BLESSÉ SUR UNE BROUETTE-BRANCARD DANS LA FORÊT D'ESNES

Après un moment d'hésitation, nous célébrâmes la Messe militaire et paroissiale comme à l'ordinaire. L'assistance y fut seulement un peu réduite. Mais le lendemain, il fallut bien reconnaître que les Boches nous tenaient sous leur feu direct, et désormais, chaque jour, deux ou trois salves nous furent envoyées. Quand on avait le temps, on descendait dans les caves. C'était d'ailleurs presque toujours sur le même point, devant le cimetière militaire, que tombaient les obus. Plusieurs hommes y furent tués : un factionnaire, un cuistot qui était venu chercher du vin. Les traces

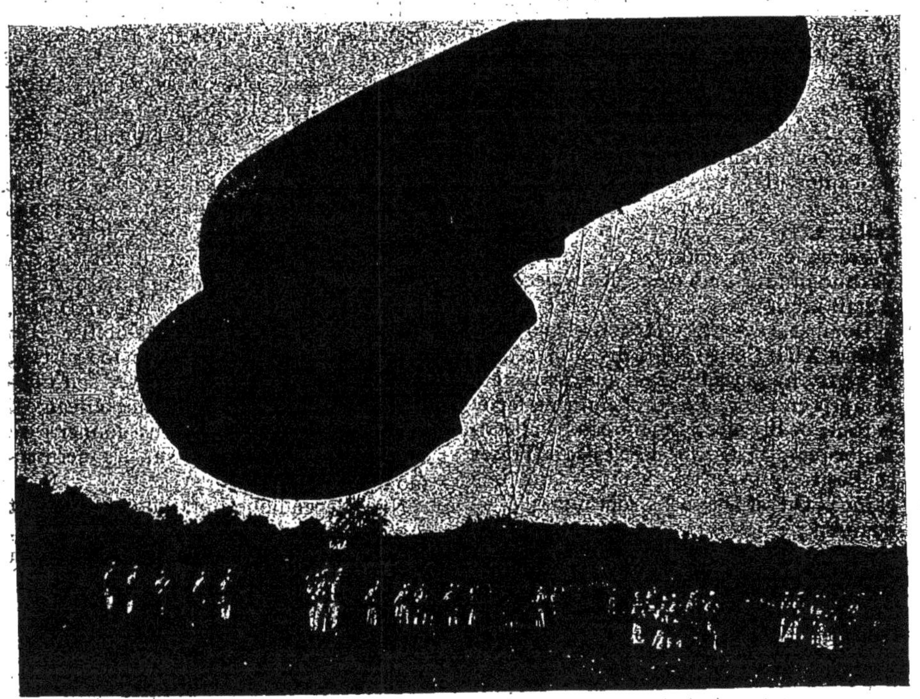

ON CRUT QUE C'ÉTAIENT DES COUPS DIRIGÉS SUR LA SAUCISSE

de leur sang restèrent visibles sur la route jusqu'à la pluie prochaine. Un autre jour, ce fut un aérostier qui fut frappé : le premier mort du groupe. Les hommes de la saucisse se croyaient bien à l'abri dans un repli de terrain, entre Bethelainville et Sivry-la-Perche. Ils prenaient leur repas quand le projectile sournois éclata à quelques mètres et fit une victime.

Le lundi 28, les brancardiers divisionnaires arrivaient à Bethelainville et s'y installaient pour être plus près des lignes. Le bombardement devenait plus intense et presque continu, nuit et jour. Les vitres tremblaient. Les journaux n'arrivaient plus. Les lettres avaient de longs retards.

A Dombasle, le mardi 29, on annonçait l'évacuation prochaine des civils. Ce fut un grand émoi dans la population.

— Mais pense-t-on que les Boches vont gagner? demandaient les bonnes femmes, et nous nous efforcions de les rassurer.

Jour et nuit, d'interminables convois traversaient la petite ville, prenant la route de Verdun.

— Et ce n'est rien, me dit le lieutenant F..., de la Scierie, en comparaison du trafic qui se fait sur la route de Bar. J'y suis allé l'autre soir, et je me croyais avenue de l'Opéra. Une ligne d'autos montait sur Verdun, tous phares allumés, tandis qu'une autre rame descendait. Des équipes de cantonniers travaillaient sans relâche à boucher les fondrières et à écraser les cailloux. Si une voiture était forcée de s'arrêter, on la jetait dans le fossé, mais pas une minute le mouvement de va-et-vient n'était interrompu.

Dombasle avait reçu les états-majors des VIIe et XIIIe Corps. Notre division, cédant la place, ne gardait plus que le secteur compris entre la voie du chemin de fer et la route de Brocourt. Les bureaux de l'état-major remplaçaient, à la Scierie, le Trésor et Postes qui s'était installé dans une grange. On affichait le communiqué — quand il y en avait un — sur le bord du ruisseau, contre un poteau qu'éclairait une lampe électrique. C'est là que nous lisions, en frémissant, les récits sommaires des grands combats de la rive droite.

Le 1er mars, on annonçait le prochain départ de la population civile de Bethelainville. Le curé de Vigneulles et le bon sacristain Husson se disposaient à profiter d'une occasion qui leur permettrait d'emporter quelques bagages. Les majors de l'ambulance, le charmant lieutenant L..., un ancien chasseur à pied, venaient causer et chercher des nouvelles.

Le 2 mars, je voyais à Dombasle M. le chanoine Payen, aumônier du VIIe Corps, vétéran de 1870. Il me donnait d'intéressants détails sur le bois Bourru, où il était allé visiter ses amis les artilleurs, que commandait le général Debeney.

Samedi 4 mars, en revenant de Dombasle, je rencontre dans le bois des artilleurs qui me demandent des nouvelles. Je leur en donne des Russes. Nous organisons une Messe pour le lendemain. Ce fut la Messe sous les bombes que je raconte plus haut.

Le dimanche 5 était le premier jour des Quarante-Heures. Nous eûmes une cérémonie émouvante dans la petite grange-chapelle de Bethelainville. J'y voyais pour la dernière fois le bon P. Auger, des Missions étrangères, qui fut tué le lendemain, à Montzéville.

Le mardi 7, j'étais dans la salle de la grande chirurgie, quand des avions boches jetèrent des bombes sur la place. Les pauvres blessés, immobiles et impuissants dans leurs lits, s'inquiétaient.

— Ne nous laissez pas tuer ainsi! disaient-ils aux infirmiers qui les rassuraient.

Les majors donnaient un bel exemple de sang-froid et continuaient les opérations commencées. Je sortis pour avoir des nouvelles, et j'aidai à relever un mourant et un blessé à qui je pus donner les derniers sacrements. Le blessé était Albert Duflot, un maréchal des logis automobiliste. Un éclat l'avait atteint à plus de 100 mètres, au moment où il rentrait, avec son capitaine, dans le couloir de leur bureau. Il mourut le lendemain. Je pus donner à sa veuve quelques détails sur les derniers moments.

Nous dépendions alors d'un groupement que commandait le général de Bazelaire, du VIIe Corps. Il écrivait des ordres du jour vibrants.

(Supprimé par la Censure.)

L'Allemagne escomptait le succès de cet effort qu'elle croyait irrésistible, auquel elle avait consacré ses meilleures troupes et sa plus puissante artillerie. Elle espérait que la prise de Verdun raffermirait le courage de ses alliés et convaincrait les pays neutres de la supériorité allemande. Elle avait compté sans vous.

Nuit et jour, malgré un bombardement sans précédent, vous avez résisté à toutes les attaques et maintenu vos positions. La lutte n'est pas encore terminée, car les Allemands ont besoin d'une victoire. Vous saurez la leur arracher. Nous avons des munitions en abondance et de nombreuses réserves. Mais vous avez surtout un indomptable courage et votre foi dans les destinées de la République. Le pays a les yeux sur vous. Vous serez de ceux dont on dira : « Ils ont barré aux Allemands la route de Verdun. »

**

A Bethelainville, nous passions la nuit sur un lit de l'ambulance, pour être prêts à l'arrivée des blessés, qui se succédaient avec intermittence. Hélas ! plusieurs ne survivaient pas à la première intervention des chirurgiens. Que de membres broyés ! Que de pauvres corps en lambeaux !

Dans la nuit du 9 au 10 mars, le feu prit dans la grange-théâtre. Par bonheur, les obus qu'elle contenait en avaient été enlevés la veille, mais il restait encore de nombreux paquets de cartouches qu'on entendait crépiter. Ce fut un moment d'émoi.

Parmi les malades qu'on évacuait, je retrouvai le petit sergent Delfour, que j'avais préparé l'année précédente à sa première Communion, et qui, blessé à la veille du jour que nous avions fixé pour cette cérémonie, avait pu réaliser son désir

(9 mars.)

(*Supprimé*

par la Censure.)

LA CATHÉDRALE DE VERDUN BOMBARDÉE

A ces nobles paroles, faisait écho l'ordre du général Joffre, daté du 11, que nous lisions avec fierté.

Soldats de l'armée de Verdun,

Depuis trois semaines, vous subissez le plus formidable assaut que l'ennemi ait encore tenté contre nous.

VERDUN — MAISONS DÉTRUITES SUR LA MEUSE

au couvent de La Souterraine. Je vis aussi un jeune prêtre du Rouergue, l'abbé Roux, sergent au 111e.

Le 12 mars, le bruit courut de la mort du commandant Spiesz. La nouvelle était malheureusement vraie. On dit que notre général avait aperçu dans le secteur voisin qui touchait sa droite, vers Béthincourt, une infiltration de troupes allemandes. Avec une promptitude de décision qui lui fait le plus grand honneur, il avait aussitôt envoyé quelques compagnies reprendre un boyau important. Cette habile manœuvre sauva peut-être les positions de la rive gauche, mais le succès nous coûta cher. Un obus tua le commandant Spiesz (1),

(Supprimé par la Censure.)

le commandant Journet et le capitaine Combalot.

Au début de la guerre, Spiesz était capitaine à la tête de la 8e compagnie du 141e. C'était le type de l'officier français. D'aspect robuste, de visage énergique et fier, sa force morale, son ardeur patriotique dépassaient encore sa vigueur physique. C'était vraiment le *chef*. Par un heureux mélange de fermeté et de bonté, il savait se faire craindre et se faire aimer. Très exigeant pour le travail, il avait souci du bien-être de ses hommes. Quand « la 8 » rentrait des tranchées, en hiver, elle trouvait un vin chaud réconfortant que le capitaine avait fait préparer. Il ne s'occupait pas moins d'entretenir le moral de ses soldats. Au rapport, il leur faisait un résumé des nouvelles du jour et leur commentait les communiqués. S'il m'arrivait de citer, dans une allocution, quelques beaux vers, il m'en faisait demander le texte par son fourrier, pour les apprendre et les citer à son tour. Il avait beaucoup aimé ce quatrain d'Henri de Régnier :

Dans l'air pur et léger où flotte l'espérance,
Un éclatant rayon fera l'azur plus beau,
Et d'un éclat plus vif les trois couleurs de
[France
Feront frémir d'orgueil la hampe du drapeau.

Les jours de bataille, il partait en avant, la canne à la main, ou prenait un mousqueton pour faire le coup de feu. Ses hommes l'auraient suivi au bout du monde. On le vit bien, le 26 février 1915, à la tranchée enflammée de Malancourt.

Nous avions été heureux de le voir promu

commandant sans le perdre, puisqu'il eut un bataillon du 141e.

— Quel colonel ce sera! disions-nous. Et nous étions fiers de lui.

Je le vois encore, à Malancourt, jetant une capote sur ses épaules pour me conduire dans une maison demi-ruinée, à la recherche d'un vieux missel que je voulais sauver; je le revois le dimanche, élégant et fier, entrant à l'église d'Esnes et allant prendre place au premier banc.

L'ÉGLISE DE MALANCOURT

Quand l'ordre lui vint de se porter avec son 1er bataillon sur un secteur qu'il ne connaissait pas, il fut inquiet. Et lui qui, d'ordinaire, marchait au combat comme à une fête, pour la première fois peut-être, alla se battre avec quelque mauvaise humeur. Etait-ce un pressentiment?

On ramena son corps dans l'église d'Esnes où il avait si souvent prié, puis on le transporta à Dombasle où il fut inhumé. Le lundi 13, la 8e compagnie se trouvant à Bethelainville, l'abbé Molinier, sergent fourrier, célébra devant ses camarades une Messe de *Requiem* pour leur ancien capitaine.

Le même jour, j'allai m'installer à Dombasle. Les civils étaient évacués. Le curé partait avec eux. Je ne pouvais laisser sans aumônier l'ambulance 14, et je commençai d'assurer son service, tandis que mon confrère restait à Bethelainville avec l'ambulance 7 qui devait encore y passer une semaine.

Mon premier ministère fut, le soir même, le convoi des artilleurs du train blindé.

Tous les jours suivants, j'assistais de nombreux blessés, j'écrivais à leurs familles, je confessais et je consolais les moribonds. Dans la nuit du 15 au 16, notre aide-major, le Dr Romey, fut grièvement atteint à la main en relevant des blessés au Mort-Homme. Les brancardiers Sabatier et Dalbavie, frappés eux aussi, donnèrent de graves inquiétudes, mais purent être sauvés.

Nous fûmes moins heureux avec le vaguemestre Chabanon, notaire à Ganges (Hérault). Un éclat lui avait traversé la poitrine pendant qu'il triait le courrier, dans une maison de Bethelainville où il se croyait bien abrité. Je le retrouvai sur un lit d'ambulance, pâle comme un Christ mourant à qui ses cheveux et sa barbe le faisaient ressembler. Il expira dans mes bras, tandis que je lui rappelais la conversation cordiale que nous avions eue quelques jours auparavant.

Je me rappelle un brave petit Breton, Le Bourdonnec, cycliste du 48e. Il paraissait si pieux que les majors me le signalèrent comme un ecclésiastique. Quand il se fut confessé, il me chargea d'envoyer son adieu suprême à ses parents et à son colonel.

Nous vîmes encore mourir le commandant Tournefier, du Génie. Il était allé sur les lignes inspecter des travaux en cours. En passant à Montzéville, il fut retenu à dîner par des camarades. Pendant le repas, un obus éclata devant la fenêtre et le blessa mortellement.

Le médecin-major Bertrand fut frappé le lendemain 21 mars, à son poste de secours, près de la route d'Esnes. Les deux pieds emportés, il eut encore le courage de donner des ordres pour évacuer les blessés qu'il venait de panser. Il mourut à l'ambulance, la nuit suivante. C'était un de nos plus sympathiques majors. Esprit cultivé, écrivain spirituel et observateur pénétrant, il était encore plus dévoué que brillant. Prisonnier au début de la campagne, il était revenu sur le front, dès son retour de captivité, et il s'y dépensait sans

compter. Par tous les temps, il visitait ses hommes dans les tranchées.

Cependant, le bombardement de Bethelainville devenait chaque jour plus intense. On jugea imprudent d'y laisser davantage l'ambulance 7, et elle reçut l'ordre de se transporter à Récicourt. Je l'y vis le dimanche 19 mars, s'installant dans l'église. Quelques éléments du 13e Corps étaient au repos dans le village et j'y rencontrai l'abbé de Chabrol, mon jeune confrère de Saint-Sulpice, le dévoué directeur d'œuvres de Clermont. Nous avions des amis communs et nous nous étions souvent trouvés ensemble dans les Congrès, aux Semaines sociales, à Issy. Ce prêtre-gentilhomme dépensait sa fortune avec les trésors de son intelligence et de son cœur pour favoriser tous les efforts d'éducation populaire, toutes les initiatives bienfaisantes aux humbles. Son zèle, sa générosité, son esprit fin et délicat nous édifiaient et nous charmaient. Ce me fut une joie de causer avec lui. Il me raconta la charge magnifique de ses braves Auvergnats au bois des Corbeaux, tandis qu'il bénissait les vagues d'assaut, à mesure qu'elles défilaient devant lui. Il me dit le geste si français du colonel Macker qui, voulant se raser afin d'être plus correct, en un jour de bataille, avait fait mousser son savon dans un culot d'obus avec un peu de vin qui restait dans sa gourde, puis était parti, la canne à la main, à la tête de ses hommes, pour tomber, à la fin de la journée, mort, mais vainqueur.

Quelques jours plus tard, l'abbé de Chabrol était fait chevalier de la Légion d'honneur et décoré par le général Joffre. Il devait se faire tuer, hélas, le 4 septembre, dans la Somme, victime de son dévouement et de son intrépidité.

Le 22 mars, on nous annonça la mort du lieutenant-colonel Cord'homme. Il s'exposait trop, sortant de son abri, se promenant sur la route en simple bonnet de police. C'était, pensait-il, le devoir d'un chef de se montrer quelque peu téméraire pour enseigner à ses hommes le mépris du danger et maintenir très haut leur moral. Il fut tué par un obus, au moment où il entrait dans son poste d'observation.

En apprenant cette douloureuse nouvelle, je revoyais le visage calme et énergique du colonel. Pendant ses séjours au

JE VIS L'ABBÉ DE CHABROL

cantonnement, à Brabant, à Esnes, il était assidu à nos réunions du soir. Nous n'avions pu obtenir qu'il nous laissât lui réserver une place dans l'église. Il arrivait modestement avec la foule, un petit caban sans galons sur les épaules, et s'agenouillait dans un banc, au milieu des poilus. Son large front dans les mains, il priait de tout son cœur. Je l'entendis parler, sur la tombe du capitaine Braconnot, comme un croyant et comme un poète, du « ciel où tout doit refleurir ». A cette occasion, évoquant des souvenirs de jeunesse, il me fit quelques confidences, entre autres celle que toutes ses dispositions étaient prises et qu'il se tenait prêt à paraître devant Dieu.

Je me trouvais à l'ambulance quand on y apporta son corps, à peine touché par le projectile, avec seulement un peu de sang au front et au cou.

Le lendemain, je présidais ses funérailles. Elles n'eurent pas la pompe militaire à laquelle ont droit les officiers supérieurs. L'heure était trop grave et toutes les troupes se trouvaient encore engagées. Ni drapeau ni musique. Une compagnie rendit les honneurs, empruntée à un bataillon de territoriaux qui cantonnaient dans le village. Quelques hommes seulement du régiment que commandait le défunt avaient été envoyés pour porter le cercueil, recouvert d'un drap tricolore, sur lequel était déposée une grande croix de lierre et de gui.

Mais la simplicité même de la cérémonie la rendait plus émouvante. Au cimetière — ce petit cimetière de Dombasle, si recueilli sous l'ombre de ses cyprès, — le général de Bazelaire, commandant le groupement, retraça en quelques mots la carrière et le caractère de celui qui venait de mourir pour la France. « Brave avant la guerre, il fut plus brave encore à la guerre..... Le soldat était prêt..... Le chrétien n'a pas été surpris..... Que Dieu lui accorde l'éternel repos. »

On vit alors s'avancer le commandant

A..., du même régiment. Sa capote élimée et boueuse, ses bottes, ses buffleteries, son étui à revolver souillés de terre, son visage amaigri et mal rasé, ses yeux pleins de fièvre, tout cet ensemble faisait de lui la vivante image du soldat qui revient du combat et qui sent la poudre. Il descendait, en effet, des tranchées à l'instant même, et avait rejoint le cortège au pas gymnastique. Simplement, sans apprêt, tourné vers le cercueil, comme un officier qui « rend compte » à son supérieur, il parla, avec seulement plus d'émotion dans sa voix saccadée :

— Mon colonel, en nous transmettant l'ordre du commandement, vous nous disiez que le moment était venu de vaincre ou de mourir. Nous vous avons obéi. Le commandant Spiesz est tombé à la tête du 1er bataillon. Du troisième, il n'est resté que deux cents hommes valides et quelques blessés. Le deuxième, que j'ai l'honneur de commander, a tenu, lui aussi. L'ennemi n'a pu passer. Nous reviendrons, s'il le faut, avec le même courage, pour le chasser définitivement. Mon colonel, le régiment sera toujours digne de vous.....

J'avoue que nous pleurions tous en entendant ces paroles.

Quelques semaines plus tard, je recevais de la veuve du colonel une lettre dont je veux citer quelques lignes vraiment chrétiennes et françaises :

Dans mon immense douleur que chaque jour rend plus cruelle, cela m'est la plus grande, la seule vraie consolation de pouvoir croire au bonheur éternel de mon cher mari. J'avais eu, au début, quelques inquiétudes, craignant que les préoccupations d'ordre militaire ne lui aient pas laissé le loisir de se recueillir suffisamment pour préparer sainement sa mort. Ce doute n'existe plus, car bien des détails me permettent de rétablir les faits. Du reste, chrétien convaincu et pratiquant, la guerre devait le rapprocher plus encore de Dieu.

J'ai trouvé dans ses cantines plusieurs livres de prières achetés par lui à Verdun depuis son séjour là-bas ; l'un d'eux est l'*Imitation de Jésus-Christ*, dont le chapitre lu et relu et marqué est *Méditation sur la mort*.

Je sais également que, passant à Paris le 13 février, il allait à Notre-Dame des Victoires en qui il avait une grande dévotion.

Confiant dans les prières de sa famille, il nous demandait à tous de beaucoup prier pour lui, et chacun le faisait avec toute son âme, en particulier sa sœur religieuse, exilée en Belgique, qui souffrait de cruelles angoisses, au sujet de ses frères si exposés.

Extrêmement réservé, il avait horreur de tout ce qui peut paraître de l'ostentation. Aussi, bien que chrétien sans respect humain, il cachait soigneusement ses démarches pieuses, ses actes de dévotion. En revanche, il pratiquait comme un saint la patience dans la souffrance, la résignation dans l'épreuve, l'abnégation la plus complète.

Tous ceux qui ont eu l'occasion de le voir dans l'intimité et de suivre sa vie — qui fut une suite d'épreuves physiques et morales — ont eu la plus parfaite admiration pour lui.

Aussi, je crois que ce dernier mois de guerre qu'il a vécu dans son abri souterrain et sentant planer la menace de l'attaque allemande formidable, a été la dernière préparation à la mort. Dieu l'a trouvé prêt pour la récompense qu'il lui réservait. Je ne puis que me réjouir de le savoir désormais en possession du bonheur parfait. Sa protection sur nous se manifeste déjà visiblement et je sens qu'il ne nous a pas complètement quittés. J'espère que, de là-haut, il m'aidera à rendre ses enfants dignes de lui.

Je me permets de vous demander la continuation de vos prières pour que je réussisse dans cette tâche et pour que Dieu me donne le courage de faire aussi généreusement que mon cher mari le sacrifice de mon bonheur pour la France (1).

Notre dernière réunion militaire en Lorraine fut la Messe du 19 mars. Dans l'église-ambulance de Dombasle, l'aumônier s'efforçait de soutenir les courages.

— Le poète, disait-il, célébrait autrefois les soldats de l'an deux. Que pourra-t-on dire de vous, ô soldats de l'an seize ? Vous êtes en train de sauver la France et d'achever la guerre par une victoire qui nous rendra la paix glorieuse. Plus tard, il vous suffira de dire : « J'étais de l'armée qui défendait Verdun », pour

---

(1) Voici la citation du colonel : « Cord'homme (Paul-Joseph), lieutenant-colonel commandant le 141e d'infanterie. Chef de corps incomparable par ses qualités de commandement, son esprit méthodique, sa haute valeur morale et sa bravoure. A fait du 141e un régiment hors pair. A été frappé mortellement à son poste au début de l'attaque déclenchée par les Allemands sur son front. »

qu'aussitôt on vous réponde : « Voilà un brave ! »

Commentant l'Evangile de la Transfiguration, l'aumônier disait encore que ces sommets des Hauts de Meuse et du Mort-Homme dont on avait voulu faire le calvaire de la France seraient son Thabor et sa montagne de l'Ascension, où elle se montrera plus que jamais invincible et immortelle.

XIV — L'ERMITE DE 304

La cote 304 est située au centre du triangle formé par les trois villages de Malancourt, Béthincourt et Esnes. A vol d'oiseau, elle est distante d'environ deux ou trois kilomètres de chacun et se trouve entre les deux chemins qui partent d'Esnes vers Malancourt et d'Esnes vers Béthincourt. Avec le Mort-Homme qui est à quelque trois kilomètres à l'Est, c'était la position importante. L'acharnement que les Boches ont mis à l'attaquer et la vigueur de notre défense prouvent, d'ailleurs, de quel prix on estimait sa possession. C'était surtout un emplacement très heureux pour l'artillerie. Des batteries y étaient installées. Elles firent de si bonne besogne dans la rive gauche que le général Nivelle les cita à l'ordre de la II⁰ armée.

(Supprimé par la Censure.)

C'est « l'héroïque commandant L... », que nous appelions « l'ermite de 304 ». Il y passait, en effet, sa vie et ne descendait guère au cantonnement. Une splendide figure de soldat chrétien. Grand, de forte carrure, la barbe grise, le regard énergique, il est très exigeant et même dur dans le service. Mais il donne si bien l'exemple de toutes les vertus militaires, il a un tel ascendant moral que les hommes ont en lui la plus absolue confiance et comme une sorte de vénération.

Vieux soldat de Chine et d'Afrique, artilleur de carrière, il est atteint d'une terrible maladie d'estomac qui lui fait endurer parfois de rudes souffrances et ne le laisse jamais en paix. Il vit, cependant, au fond de son abri. Il couche sur un treillis en fil de fer. Il se nourrit de quelques tasses de lait. Parfois, tandis qu'il donne des ordres, une crise le saisit. Il est contraint de s'arrêter et s'en excuse. Un peu de repos sur sa dure couchette, et le voici de nouveau au travail. Souvent, le soir, on le trouve agenouillé devant sa table, la tête dans les mains. Il médite et prie. « Je serai à vous dans quelques minutes », dit-il à l'officier ou à l'homme qui vient lui parler.

De grand matin, avant le jour, il monte à cheval ou bien il enfourche une bicyclette pour se rendre à l'église voisine, entendre la Messe et communier. Ces chevauchées matinales ne rappellent-elles pas les courses du général de Sonis et ses communions au matin des journées de manœuvres ? Mais le commandant L... n'a qu'une vareuse sans insignes ni galons. Il lui est arrivé d'intriguer les factionnaires et de se voir refuser le passage. Le premier vendredi du mois, pour honorer le Sacré Cœur, il revêt une tenue plus élégante, sur laquelle il épingle ses décorations.

Si vous le rencontrez à pied ou à cheval, il a souvent une main dans la poche. C'est qu'il récite son chapelet, et il dit doucement :

— La prochaine dizaine sera pour vous.

Vers le commencement de 1916, il fut

évacué par le service de santé qui voulait essayer d'un traitement, ou tout au moins lui procurer quelque repos. Il en fut très courroucé et, malgré sa charité habituelle, il vitupéra contre ces « toubibs », ces « morticoles » qui prétendaient « guérir une maladie incurable » et l'empêchaient de remplir son devoir de soldat.

Après son séjour à l'hôpital, on lui avait donné quelques semaines de convalescence. Il ne trouva rien de mieux que de venir les passer avec ses chers artilleurs, à la fameuse cote 304. C'était précisément au début de l'attaque sur Verdun, et vous devinez que notre région n'était pas précisément un lieu de plaisance. Il resta plusieurs semaines sous un feu d'enfer, avec son calme superbe et son habituelle maîtrise de la souffrance. Il ne mangeait rien et dormait à peine. Mais pas un instant sa volonté ne chancela, pas une fois le devoir professionnel ne fut négligé. Voici un chiffre qui m'a été fourni par un de ses officiers et qui peut donner une idée de ce que fut la vie du commandant pendant ce mois de mars 1916. Sa position reçut, à de certains jours, 14 obus de 210 en quarante-quatre secondes et 6 000 de 150 ou de 210 en douze heures.

On avouera que, pour un convalescent, ce séjour manquait de confort.

Le colonel commandant la brigade, qui avait, lui aussi, à 304, son poste de commandement, ne parlait que les larmes aux yeux du « grand artilleur » :

— C'est un héros, disait-il.

Ce fut aussi le sentiment des grands chefs, car le commandant L... fut promu officier de la Légion d'honneur avec cette citation :

Commandant de groupe remarquable par ses qualités morales et ses capacités professionnelles. Au cours d'une attaque, pendant plus de trois semaines, sa position étant soumise à un bombardement ininterrompu et des plus violents, a donné à tous un splendide exemple de bravoure, d'énergie et d'esprit de sacrifice; a su faire face aux situations les plus difficiles et maintenir ses batteries en pleine force, malgré les pertes en personnel et en matériel, et malgré d'exceptionnelles fatigues.

En lisant ce bel éloge où ses chefs disaient leur admiration pour l'incomparable soldat, je pensais au bel exemple donné par celui-ci de l'âme vigoureuse « maîtresse du corps qu'elle anime », de l'âme chrétienne qui va chercher sa force auprès du Dieu fort. Je me rappelais la vie surnaturelle intense que mène le commandant, ses communions aussi fréquentes que possible et qu'à de certaines époques il ne pouvait faire qu'en restant à jeun une partie de la journée. Je relisais l'acte de consécration au Sacré Cœur qu'il avait rédigé lui-même pendant son dernier séjour à l'hôpital :

O Jésus, Vie éternelle dans le sein du Père, très humblement prosterné à vos pieds, je viens consacrer à votre Cœur adorable et abriter sous votre étendard les trois batteries que vous m'avez confiées, vous suppliant d'en être vous-même le chef et de faire de moi le plus soumis, le plus dévoué, le plus aimant des lieutenants.

Je mets à votre service le peu que je suis, ma volonté, mon cœur, mes jours et ma vie.

TROU D'OBUS REMPLI D'EAU A LA CÔTE 304

LE COMMANDANT L... EST FAIT OFFICIER DE LA LÉGION D'HONNEUR.

Disposez-en au mieux de vos intérêts et des intérêts que vous m'avez confiés.

Sans vous je ne puis rien.

Suppléez à toute la faiblesse de mon intelligence, à toutes les défaillances de ma volonté. Eclairez-moi en toutes circonstances, inspirez-moi les décisions à prendre, faites-moi voir où est le devoir et donnez-moi la force de lui sacrifier tout le reste.

Qu'en tout, je fasse ce que vous voulez, rien que ce que vous voulez et comme vous le voulez.

O Jésus, Vie éternelle dans le sein du Père, Vie des âmes faites à votre ressemblance, au nom de votre amour, faites connaître votre Cœur à tous les officiers, à tous les sous-officiers, à tous les brigadiers et à tous les canonniers des trois batteries que je vous consacre en ce jour, afin que le 3e groupe du ...e régiment d'artillerie soit entièrement vôtre, et que chacun de nous soit un apôtre de votre amour, en même temps qu'un soldat de France.

Veuillez bénir ce drapeau que des mains pieuses vous ont brodé, en témoignage d'amour, dans l'espoir qu'il sera notre sauvegarde, notre guide et la preuve que nous vous appartenons.

Il est le drapeau de France, et il est vôtre.

Comme lui, nous sommes à elle et nous sommes à vous. Régnez sur elle comme vous régnez sur nous.

Cœur Sacré de Jésus, conduisez à la victoire ces trois batteries qui sont vôtres et la France à laquelle elles appartiennent. Elles vous ont pris pour chef, soyez leur guide, leur protecteur et leur soutien.

Epargnez tous les officiers et tous les hommes que vous m'avez confiés, mais n'épargnez pas les dangers à leur chef, s'ils sont utiles à votre gloire. Ma vie vous appartient comme le reste.

Cœur Sacré de Jésus, j'ai confiance en vous. O Jésus, Vie éternelle dans le sein du Père, Vie des âmes faites à votre ressemblance, soyez la vie de ceux qui tomberont sur le chemin de la victoire. Que leur mort serve vos desseins et fasse connaître votre amour. « Seigneur, mon Dieu, dès maintenant, en leur nom et au mien, j'accepte de votre main, volontiers et de plein cœur, le genre de mort qu'il vous plaira de nous envoyer avec toutes ses peines, ses angoisses et ses douleurs. »

Cœur Sacré de Jésus, séchez vous-même les larmes de ceux qui nous pleureront, car nous vous les confions. Comme nous, ils sont vôtres. Soyez leur consolateur, leur protecteur, leur appui.....

Cœur Sacré de Jésus, veillez aussi sur cet étendard pour qu'il puisse bientôt revenir victorieux dans cette chapelle, en témoignage de reconnaissance et d'amour.

Cœur immaculé de Marie, déposez vous-même notre hommage aux pieds du Sacré Cœur. Que par vous nous n'oubliions jamais que nous sommes à lui.

Vous êtes notre Mère, vous êtes notre Reine, priez et intercédez pour la France et pour nous.

Cœur Sacré de Jésus, ayez pitié de la France.

Cœur Sacré de Jésus, sauvez la France.

Cœur Sacré de Jésus, régnez sur la France.

Cœur Sacré de Jésus, que votre règne s'étende sur le monde entier.

M..., le 9 janvier 1916.

On devait décorer l'ermite de 304, à Saint-Pol, le 17 avril. Mais la division reçut, ce jour-là, précisément l'ordre de départ, et la belle cérémonie militaire se fit le 24, lundi de Pâques, dans la dune belge. Le général Guyot de Salins, qui nous quittait pour commander la 38ᵉ division, fit une dernière fois fonctions de commandant de la 29ᵉ et donna l'accolade au nouvel officier, après lui avoir dit, en quelques mots émus, son admiration, sa reconnaissance, son fidèle souvenir.

XV — EN SORTANT DE LA FOURNAISE

Notre division fut relevée le samedi 25 mars 1916. Elle avait bien gagné son repos. Trente-cinq jours de bombardement presque ininterrompu et, par moments, très intense, plusieurs assauts violents et quelques vigoureuses contre-attaques, c'était beaucoup pour des hommes dont la plupart combattaient depuis vingt mois.

Vous devinez avec quelle joie est accueillie la bonne nouvelle : « Nous sommes relevés ! » On hésite d'abord à y croire et à l'accepter. L'heure est grave. La ruée sur Verdun n'est pas encore définitivement repoussée. La France a besoin de tous ses défenseurs. Choisirait-on ce moment pour nous envoyer au repos ? Puis ce secteur, dont nous connaissons tous les coins et détours, voudra-t-on en confier la garde à d'autres ?

Mais voici bientôt des précisions. Le colonel lui-même annonce le départ. Ce n'est plus seulement un « potin des cuisines ». La nouvelle court de tranchées en tranchées. Elle fait le tour des cantonnements. D'un pas allègre, oublieux des fatigues supportées et des dangers courus, on gagne les villages où doit se faire l'embarquement.

Les grands camions automobiles, longs serpents de feu, nous transportèrent en une nuit à quelque vingt lieues en arrière, dans un joli coin de la campagne française. C'est le « vallage », une série de petites vallées très encaissées entre de hautes collines sans végétation ; nous avons vite fait d'en baptiser une le « Mort-Homme ». Une jolie rivière se promène paresseusement dans des prairies verdoyantes comme si elle les quittait à regret pour aller rejoindre la Seine aux portes de Paris. Journées printanières, ciel bleu, soleil, buissons fleuris, chants d'oiseaux. Quelle aimable surprise pour ceux qui sortent de la fournaise ! On n'entend plus le bruit du canon. On peut regarder le ciel tout radieux sans crainte d'y apercevoir des Aviatiks ou des Fokkers. A travers les prés, serpentent des routes qui ne sont ni boueuses ni défoncées. Il est loisible de s'y promener sans avoir à faire du « plat-ventre » pour laisser passer une « marmite ». Dans les villages, il y a des « civils », des civils patriotes et accueillants qui, depuis le commencement de la guerre, n'ont vu passer que des escadrons de cavalerie en réserve. Ils sont heureux de recevoir des soldats qui « viennent de se battre ».

— Vous êtes bien pour rester ? nous crient-ils, entr'ouvrant leurs fenêtres au petit jour, tandis que nous faisons le cantonnement avec le maire.

Et quand tout le monde est éveillé, on offre à nos troupiers du vin, du lait, des œufs, toutes les richesses de la campagne française :

— Non, vous n'avez rien à payer ! c'est de

ILS SUIVENT LE COURS DE LA JOLIE RIVIÈRE

bon cœur ! On vous doit bien cela, puisque vous nous avez vaillamment défendus !

Vous devinez combien nos hommes s'épanouissent à cet accueil cordial. Avec quelle joie ces rescapés de la grande bataille jouissent de la vie que le bon Dieu leur a gardée ! Ce sont des écoliers en vacances, des convalescents à leur première sortie. On les voit flâner dans les bois qui commencent à verdir. Ils suivent le cours de la jolie rivière. Ils cherchent des salades dans les prés. Ils s'ébrouent au soleil comme de jeunes poulains.

Pendant une semaine, j'ai parcouru les cantonnements. Ils étaient nombreux, car on n'avait mis, en général, qu'un bataillon par village. Partout, je rencontrais de bonnes faces épanouies.

— Ah ! Monsieur l'Aumônier, ce qu'on est bien dans ces patelins ! Les civils sont tout ce qu'il y a de plus gentil. On va pêcher dans la rivière et dans le canal. On lave son linge, on se raccommode. C'est la bonne vie !

— Oui, disait un autre, c'est incroyable comme on aime la vie quand on a failli la perdre et quand on 'a vu la mort frapper à droite et à gauche, devant et derrière !

— Moi, reprenait un troisième, ce que je préfère ici, c'est le silence. Rien n'est plus reposant. Après un si long bombardement, il me semblait que mon cerveau remuait toujours. Je sens maintenant qu'il se consolide.

Et que de souvenirs dans ce petit coin de France ! Ce modeste chef-lieu d'arrondissement rappelle un massacre commandé par les gens du duc de Guise, qui fut comme le signal des guerres de religion. Voici, un peu plus loin, les ruines du château de Joinville — ce « beau châtel » que le sénéchal aimait tant — si bien que, partant pour la Croisade, il ne voulut pas tourner la tête pour le contempler une dernière fois, de peur de trop s'attendrir.

En parcourant ces lieux, je pensais aux gracieux récits du bon sire. Je me remémorais le songe où il offrait à saint Louis de l' « héberger en sa chapelle », ou bien « en une sienne maison de sa ville qui a nom Chevillon ». Et l'histoire de cet abbé, « le plus prud'homme des moines blancs », qui, dormant par une nuit chaude, s'était découvert la poitrine : « Et vint la Mère de Dieu qui alla au lit de l'abbé et lui remonta sa robe sur sa poitrine, pour ce que le vent ne lui fît mal. »

J'invitais mes chers soldats à prier spécialement le bon roi saint Louis, dans ces régions où vécut son historien. Nous menons, nous aussi, la croisade contre des Barbares, pires que les Sarrasins, et alliés des Turcs. Le feu grégeois que bravaient les Croisés n'était pas très différent du pétrole enflammé dont les Boches nous arrosaient à Malancourt. Or sus, braves gens, continuez vos exploits et « foncez sur cette chiennaille », selon l'énergique expression de Joinville.

Il va sans dire qu'on racontait longuement les péripéties des combats. Entre camarades de diverses unités, ou devant les villageois curieux et attentifs, c'étaient d'interminables « gibernes ». Vous savez qu'on appelle ainsi les histoires militaires, en souvenir des vieux grognards qui narraient longuement leurs campagnes tandis qu'ils astiquaient, à la cire, leur giberne, cette petite sacoche destinée à contenir, avec des cartouches, le bâton de maréchal de France. La giberne ne fait plus partie de l'équipement, mais les récits militaires lui ont survécu comme ils l'avaient précédée. « Nous en parlerons ès chambres des dames », disait déjà le bon Joinville en chargeant les Sarrasins.....

On « giberne » donc à qui mieux mieux, parmi les officiers, comme chez les soldats.....

Il y a des mots héroïques et d'autres sont amusants.

Un soldat de haute taille ne se baissait pas sous le feu, et comme son lieutenant, lui reprochait cette inutile témérité :

— Oh ! dit-il, pour me baisser, il me faut trop de temps ; alors ce n'est pas la peine !

— Tu as peur ? disait-on à un petit Marie-Louise que les obus semblaient impressionner.

— Oh ! non, dit-il, je n'ai pas peur, mais je n'ai pas encore l'habitude !

Un vieil engagé volontaire, qui avait fait la campagne de 1870, était effrayé par les avions ennemis.

— Il me vise ! Il me vise ! s'écriait-il quand il en apercevait un.

Les noms des camarades disparus reviennent souvent dans la conversation. On se renseigne, on se communique des détails à leur sujet :

— Monsieur l'Aumônier, vous rappelez-vous Gautier, le professeur de Sainte-Croix de Neuilly ? Il a été tué à côté de moi, d'une balle en plein front. Notre fourrier, l'abbé Bergonier, nous avait donné la communion avant l'attaque.

Je m'informe d'un lieutenant de mitrailleurs, le brave C..., un Marseillais à l'intarissable faconde, mais aussi un modèle de piété filiale et de foi religieuse.

— Ah ! Monsieur l'Aumônier, il a été écrasé par son blockhaus, sur lequel une grosse marmite est tombée. Nous avons retrouvé une tête, mais tellement défigurée, que nous n'avons pu savoir si c'était la sienne ou celle du capitaine D...

Par contre, je puis rassurer ses camarades sur le sort du capitaine S..., qu'ils croyaient mort. Je l'ai vu à l'ambulance ; il n'est que légèrement blessé. Tombé dans un fossé, il s'était pansé sommairement et avait attendu la nuit pour regagner nos lignes, en rampant.

— Quelle chance ! s'écrie le colonel qui commande la brigade. Un si « chic type » ! D'ailleurs, tous mes officiers ont été « épatants ». M... a tenu jusqu'au bout, quoiqu'il fût malade. Quant à D..., il avait maigri de dix kilos et sa lèvre pendante lui tombait aux genoux. Moi, j'aurais été aplati sous mon abri, sans une bienheureuse planche qui m'a protégé.....

On me parle du P. Protier, ancien missionnaire d'Afrique et aumônier d'un régiment qui travaillait à côté de nous. Il enjambait les fils de fer avec un superbe sang-froid et faisait même l'agent de liaison.

Suivent mille anecdotes joyeuses. On se détend dans une bonne et franche gaieté. Mais il me suffit de prononcer le nom d'un de nos morts pour ramener bien vite la gravité et la tristesse. J'ai souvent remarqué combien s'attendrissent aisément ces hommes si braves, qui, chaque jour, s'exposent à la mort sans hésiter, le front serein. Qu'on évoque la pensée de la famille, le souvenir d'un ami; qu'on expose une pensée généreuse ou qu'on cite un beau vers — et les yeux, tout à l'heure souriants, se remplissent de larmes.

J'ai revu le colonel d'un de nos régiments, qui a été, lui aussi, à la peine et à l'honneur. Il m'a fait un récit que je veux transcrire ici. Le 21 février, il était monté à son poste de commandement, au « centre 18 ».

— Vous vous rappelez, me dit-il, le formidable bombardement que nous avons subi. Nous étions entassés dans notre abri. Le cuistot faisait la cuisine sur ses genoux et s'en tirait, ma foi, très bien. J'ai vu là combien le moral des chefs influe sur celui des hommes. Quand ils nous voient de belle humeur, ils ont confiance.

Les cyclistes, les téléphonistes, les agents de liaison demandaient à notre cuisinier :

— Qu'est-ce qu'il dit, le colonel ?

— Le colonel ? Il « rigole » !

— Il rigole ?

— Oui, mon vieux, comme je te le dis, il rigole. Aussi, ne t'en fais pas, va !

Et la nouvelle parvenait jusqu'aux plus lointaines tranchées, jusqu'aux petits postes : « Tout va bien ! Le colonel rigole ! »

Mon poste était un bon observatoire. J'ai suivi, avec mes jumelles, toutes les attaques des Boches à Haucourt et à Malancourt. Je les ai vus arroser de pétrole et brûler leurs morts.

Toute la journée, le téléphone marchait. On ne pouvait sortir que pendant la nuit, de 23 heures à 4 heures du matin. Il y avait alors quelques heures de répit. Les Allemands nettoyaient sans doute leurs

canons lourds et amenaient des munitions. Pendant ce temps, ils ne tiraient plus que du 77, auquel nous ne faisons même plus attention.

A trois ou quatre mètres de mon abri, au bord de la route de Béthincourt, se dressait un calvaire : trois degrés de pierre, une grande croix et un crucifix de bois. Je ne crois pas exagérer en disant que 50 000 obus sont tombés à droite et à

UNE MESSE A BAYARD

gauche, ou ont passé au-dessus. Aucun n'a touché l'image sainte. Un 210 est venu frapper au pied de la dernière marche : il n'a pas éclaté.

J'étais très frappé de cette protection extraordinaire quand, chaque soir, j'allais faire ma prière aux pieds du crucifix. Il me semblait que, tant qu'il serait debout, nous serions préservés, nous aussi.

Un jour, vers la fin de notre repas, j'eus

soudain comme l'intuition d'un danger plus grave. Je dis à mes officiers : « Allons-nous-en, ça sent mauvais. » Je pris mes papiers et mon appareil photographique. Chacun se saisit d'un objet, qui de la lampe, qui de la cafetière, et nous descendîmes dans la sape, à six mètres sous terre. Nous n'y étions pas depuis une minute qu'une grosse marmite tombait en plein sur l'abri que nous venions de quitter. Nous aurions été écrasés, broyés, aplatis.

Tandis que le colonel me racontait sa petite histoire, je me rappelais que le jour où il était allé prendre son poste de commandement, il avait voulu se confesser et communier à ma Messe, à l'occasion d'un anniversaire que sa chère femme lui avait rappelé. Lui aussi était entre les mains de Dieu, au « garde à vous ». Il avait plu à la divine Bonté de le garder pour les combats de demain, pour la victoire.

*
* *

Nous manquions de quelques jours seulement la rencontre de notre ami Henri Bazire, capitaine d'état-major, dont la division était venue au repos dans ces parages. Un maître de forges nous donna de ses nouvelles. Assez éprouvé par les gaz asphyxiants, il venait d'être cité à l'ordre pour la seconde fois.

Un autre industriel très obligeant nous ouvrait son parc pour la Messe militaire très solennelle que nous voulions célébrer le dimanche 2 avril. Sa femme et ses filles, avec les religieuses de l'usine, devaient décorer l'autel qui se dresserait sur le perron. Les musiciens d'un de nos régiments offraient leur concours spontané et devaient jouer pendant l'office les hymnes nationaux des alliés. Un soliste chanterait la *Prière du soldat*, et le *Credo* serait exécuté en chœur par l'assistance. Le ciel lui-même semblait nous sourire et nous promettait une radieuse journée.....

Mais, le samedi matin, arriva l'ordre de départ. Les premières unités embarquèrent le soir même, et le reste de la division quelques heures après.

*
* *

Un jour, une nuit et un autre jour. Nous voilà arrivés au pays de Jean-Bart. Les Anglais sont nos voisins. Sur toutes les routes, nous rencontrons leurs convois et nous admirons la puissance des automobiles, la propreté des équipements, la belle mine des hommes. Tout cela est vraiment « confortable ».

Voici une colonne en marche. Elle est précédée d'un grand Ecossais roux qui joue de la cornemuse. Un peu plus loin, sur la place du village, une musique divisée en deux sections : tambours, fifres et grosse caisse d'un côté ; petits clairons de l'autre. Chaque groupe est commandé par un chef qui porte la canne. Ils jouent alternativement, en marchant l'un vers l'autre, à pas cadencés, comme dans une danse hiératique.

Cordial accueil aussi dans ce pays. Malgré la différence des tempéraments, les bons Français du Nord s'entendent à merveille avec nos soldats du Midi et du Centre. Dans la ville fortifiée par Vauban, toutes les maisons s'ouvrent, hospitalières, aux défenseurs de Verdun.

LA COLONNE
EST PRÉCÉDÉE D'UN GRAND ÉCOSSAIS ROUX

C'est encore du repos pour nos hommes. Le canon se fait de nouveau entendre, mais plus lointain. La brise de mer apporte ses parfums vivifiants.

Les troupes sont installées dans des fermes, des hôtels, des villas.

— Té, dit un Marseillais, après la vie de château, nous commençons notre saison de bains de mer. Chacun a son « cabanon » comme en temps de paix.

XVI — LA PÉNICHE-AMBULANCE

Imaginez une petite ville des Flandres qui a conservé, depuis Vauban, ses murailles, fossés, ponts-levis, chicanes et bastions. Ce n'est pas qu'elle s'illusionnât sur l'efficacité de ses défenses. Elle ne s'est étonnée ni émue quand le canon boche l'a bombardée à grande distance, et elle montre dans ses rues les ruines de quelques maisons comme de glorieuses cicatrices. Mais c'était une jolie coquetterie d'avoir voulu garder sa vieille ceinture de remparts, comme son fier beffroi, sa vénérable église et son noble hôtel de ville.

Aux souvenirs guerriers, s'en mêlaient de plus gracieux. Un buste de Lamartine rappelle la gloire du poète qui fut pendant six ans député de ce pays. Sur le mur d'un vieil hôtel, une plaque de marbre nous dit que « dans cette maison, à l'enseigne de la Tête d'Or, au soir d'une élection malheureuse, Lamartine improvisa, pour répliquer aux attaques du poète Barthélemy, l'immortelle *Réponse à Némésis* ». Et nous murmurons la strophe fameuse :

Non, sous quelque drapeau que le barde se range,
La Muse sert sa gloire et non ses passions !
Non, je n'ai pas coupé les ailes de cet ange,
Pour l'attacher, hurlant, au char des factions.....

Heureuse époque où les luttes électorales se terminaient par de beaux vers.....

Mais ceci se passait en des temps très anciens.....

Aujourd'hui, la petite place forte abrite tous les services d'une division. Deux hôpitaux fonctionnent dans son enceinte, et, sur la rivière canalisée qui la baigne, flotte la péniche-ambulance dont je veux vous parler.

***

Ce fut jadis une humble et simple péniche qui transportait du bois, du charbon, des pierres, entassés dans ses soutes profondes. Aujourd'hui, c'est une annexe flottante de l'hôpital que la comtesse van den Steen et la comtesse d'Ursel fondèrent à Poperinghe avec les « Friends unit ». Il fallait mettre à l'abri les pauvres civils belges blessés dans les bombardements presque journaliers de la région d'Ypres. A défaut de local plus confortable et plus sûr, on avait dressé pour eux quelques tentes dans le village français de W... C'était au cours de l'été 1915. Presque aussitôt après, le bateau arriva.

Le bateau — *the barge* — qui porte le nom de Notre-Dame du Perpétuel Secours, est dû à Mme O'Gorman, qui en fit agréer l'idée au Comité de Poperinghe et se chargea de l'exécution.

Une fière silhouette, Mrs Flora O'Gorman. Femme d'un capitaine de l'armée britannique, elle aime à rappeler que son mari est chef du « clan » irlandais dit clan O'Gorman. La famille O'Gorman vit depuis onze cents ans dans le comté de Clare et y a toujours été, selon l'expression anglaise, du bon côté : *on the right side*. Le brillant officier peut être fier de celle qui porte son nom : c'est une femme de tête et de cœur, un vrai « capitaine », elle aussi. Pendant la retraite d'Anvers, elle est atteinte au visage par un éclat d'obus, tandis qu'elle sauve, en automobile, des soldats blessés. Elle soigne les troupiers français à Malo, au cours d'une épidémie de typhoïde. La voilà qui se dévoue ensuite aux civils belges, victimes des bombardements.

Dès qu'on a accepté son projet de bateau-hôpital, elle se hâte de le réaliser. Une péniche était à vendre par suite de la maladie de son propriétaire. Bien vite elle est achetée, et la généreuse bienfaitrice, avec son habituel esprit de décision, dresse elle-même le plan des réparations, — un plan qui saura utiliser les moindres petits coins du bateau. Tout se fait sous sa direction, par quelques messieurs de l'ambulance anglaise, aidés de deux soldats belges.

Ce n'est pas Mrs O'Gorman qui m'a fait les honneurs de la péniche transformée sur laquelle, depuis dix mois, elle a vécu. Elle vient de quitter momentanément son « bord » pour franchir l'océan et aller quêter dans les grandes villes des Etats-Unis et du Canada au profit des hôpitaux militaires dont elle veut augmenter le « confort ». J'ai été reçu en son absence

LA PÉNICHE-AMBULANCE

par ses dévouées collaboratrices : une « nurse », monitrice anglaise, Miss Morriss, pleine d'entrain, d'activité et de belle humeur, et Mᶫᶫᵉ Marie van den Plaes, infirmière belge, qui porte sur son voile blanc le nom de Saint-Camille de Bruxelles ; plus frêle d'apparence, elle n'est pas moins vaillante.

Voulez-vous refaire avec moi la visite ? Franchissons les deux enceintes fortifiées de la petite ville et la voie du chemin de fer. Passons les ponts tournants du canal. Sur la route, à gauche, stoppent deux automobiles qui portent la croix rouge et l'inscription anglaise de la Société Saint-Jean. Ce sont les organes de ravitaillement de la péniche. Elles vont chercher à la grande ville, à deux lieues d'ici, les provisions,

l'eau potable, la correspondance et le médecin. Aussi, les voit-on souvent sur la route, conduites par le chauffeur anglais ou la « chauffeuse ». Elles m'ont rencontré dernièrement, pauvre piéton, et charitablement « ramassé ».

Sur la berge, une lessiveuse et un fourneau indiquent qu'on emprunte le plancher des vaches pour certaines opérations ménagères.

La péniche est solidement amarrée et semble à peu près immobile sur l'eau, d'ailleurs calme, du canal. Seul, son petit youyou, retenu à la poupe par une chaîne, se balance indolemment. Elle a cinquante pieds anglais de long et seize de large. A la proue, un mât porte le fanion blanc à croix rouge, légèrement effrangé par le vent. Le même écusson est peint à bâbord et à tribord. A l'arrière, un drapeau français.

Trois écoutilles, peintes en blanc, dépassent le pont et donnent à l'intérieur air et lumière. Deux larges tentes peuvent même se dresser, dans les journées chaudes. On ouvre alors les panneaux du plafond, et les blessés sont baignés d'air pur.

Nous traversons une passerelle munie d'un tapis-brosse, comme un vestibule de bonne maison, et, par un escalier un peu raide, nous descendons dans le bateau.

A droite se trouvent les services : la dynamo, actionnée par un moteur à paraffine, la cuisine, la salle à manger — égayée par un bouquet de tulipes qui vient d'Angleterre, — la chambre des chauffeurs, celle du médecin et de son secrétaire.

A gauche de l'escalier s'ouvre le « ward », la grande salle des blessés. Elle peut contenir vingt-huit lits (vingt-sept en hiver, parce que le poêle occupe une place). Tous sont recouverts de housses bleues à grandes fleurs blanches, d'une propreté parfaite. A chaque chevet, une petite table au tapis de toile cirée blanche, et, contre le mur, à portée de la main, une pochette en toile bise liserée de blanc pour les menus objets personnels et familiers. Le blanc est vraiment ici la couleur d'ordonnance. Mlle van den Plaes me fait remarquer justement qu'il faut distinguer le blanc « propre » et le blanc « sale ». A la péniche, toutes les blancheurs sont propres. De-ci, de-là, quelques fleurs y ajoutent leur note de fraîcheur et de gaieté. Sur le poêle, une énorme marmite soigneusement fourbie est toujours pleine d'eau chaude. Dans un angle, l'armoire à vaisselle et, devant elle, la table — blanche aussi — du docteur. Le dimanche, elle servira de support à la chapelle de campagne.

Mme O'Gorman est protestante, mais pleine de respect pour la religion catholique, celle de son mari et de ses blessés belges. Elle tient à ce que ceux-ci puissent

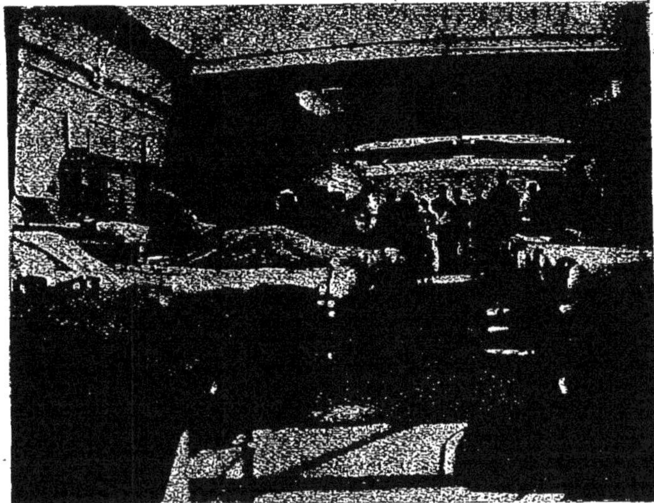

LA PÉNICHE-AMBULANCE

remplir leurs devoirs religieux, obéir au précepte dominical, se confesser et communier quand ils en ont la dévotion. Un crucifix surmonte la porte du *ward* et tend ses bras vers les pauvres exilés :

Vous qui pleurez, venez à ce Dieu, car il pleure ;
Vous qui souffrez, venez à lui, car il guérit.....

Un grand rideau qu'on écarte pendant le jour divise la grande salle en deux parties inégales : quartier des hommes et quartier des femmes. Celui des hommes est le plus nombreux.

A l'arrière du bateau, c'est le quartier des infirmières : le bureau (*office*) de la directrice, avec sa chambre à coucher, une salle de bains, la lingerie, la pharmacie, et, pour les *nurses*, quatre chambrettes, petites et proprettes comme des cabines de paquebot. Les deux cuisinières françaises logent à l'estaminet voisin. Mlle van den

LA PÉNICHE-AMBULANCE

Plaes est infirmière-interprète. Tout le reste du personnel est anglais : une monitrice et deux *nurses*, un secrétaire, deux infirmiers, le chauffeur et la chauffeuse. Le médecin ne loge pas à bord. Il vient trois fois par semaine en visites régulières. Pour les cas urgents, on va le chercher en auto à la ville voisine.

Il n'y a pas, d'ailleurs, de salle d'opération sur le bateau. On opère à Poperinghe, et, dès que les opérés sont transportables, l'auto les amène à la péniche, grands blessés ou blessés moyens, mais peu de thoraciques ou d'abdominaux. Les bons soins, la nourriture abondante, la paix silencieuse du canal produisent d'heureux effets. Dans toutes mes visites, j'ai trouvé ces bons Belges souriants. Si le temps était beau, les convalescents s'installaient dans la prairie, se promenaient sur les bords du canal ou se livraient à la pêche, leur distraction favorite. Le ciel était-il brumeux, ce qui n'est point rare en ces climats, on jouait aux cartes d'un lit à l'autre, ou on s'exerçait à des jeux de patience découpés à la scie dans des boîtes à cigares.

****

Le jour des Rameaux, j'ai présidé la communion pascale de ces chers blessés. Accompagné du lieutenant Palais, qui me servait la Messe, je me suis approché de chaque lit et j'ai communié les hommes, les femmes et les enfants, en souhaitant à chacun que « le Corps de Notre-Seigneur Jésus-Christ garde son âme pour la vie éternelle ». Un jeune homme plus gravement atteint reçut la communion en viatique.

Nous avons récité ensuite une prière commune pour la Belgique, pour l'Angleterre et pour la France, puisque les trois nations alliées s'unissent, sur la péniche-ambulance, au service des victimes de la guerre.

— N'est-ce pas une marque de la lutte contre les Barbares, disais-je à mes guides, qu'il vous ait fallu fonder un hôpital pour des *blessés civils*, pour des vieillards, des femmes et des enfants, ceux que les civilisés écartèrent toujours de leurs sanglants conflits?

— Oui, me répondit la jeune infirmière belge, et remarquez le nombre des enfants blessés. Voyez celui qui a le front bandé : l'obus qui l'a touché avait déjà tué sa mère. Cet autre, atteint par un shrapnell, n'avait pas moins de treize blessures. Mais savez-vous le désir de tous ces braves petits? Ils sont impatients de revenir dans leur pauvre village, malgré la cruelle expérience qu'ils ont faite du danger.

— Et voilà pourquoi, Mademoiselle, la Belgique ne mourra pas. Grâce au courage de ses fils, même les plus humbles, même les plus jeunes, elle chassera le Barbare. Comme dit un de nos cantiques :

> Il devra céder sa conquête :
> Les carillons, dans les beffrois,
> Chanteront, sur Bruxelle en fête,
> Le retour du plus grand des rois.

XVII — EN BELGIQUE

Nous sommes arrivés à Coxyde le 19 avril et nous y sommes restés jusqu'au 9 octobre. Le secteur confié à notre division commençait à la mer du Nord pour aller rejoindre les lignes belges après Saint-Georges. Le front était situé à quelque 1 500 mètres au delà de l'Yser, devant Lombaertzyde et Nieuvendamme.

Nous avons pris, pour venir, la grand'route de Dunkerque à Furnes, qui suit le canal. En passant la frontière, après Bray-Dunes, qui est la dernière commune française, nous avons salué les premiers gendarmes belges. Puis nous avons rencontré, par paires, les petites villes que nous devions habiter ou visiter souvent. Dans cette région, les localités vont, en effet, deux à deux,

Comme vont les grands vers classiques et les
⸢bœufs.

Un premier centre s'est constitué, à 3 ou 4 kilomètres de la mer; puis il a essaimé, sur le rivage, comme une colonie d'été, qui est reliée à lui par une bonne route semée de fermes et de villas. C'est ainsi que nous trouvons Adinkerque et La Panne, Zeepanne et Saint-Idesbald, Coxyde-ville et Coxyde-bains, Oostduinkerque-ville et Oostduinkerque-bains, Nieuport-ville et Nieuport-bains, et la série continue, paraît-il, jusqu'à Ostende.

Les petites cités « continentales » sont habitées par les gens du pays. Toutes les maisons brillent de la propreté flamande, mais elles sont simples et modestes. Au contraire, les agglomérations maritimes étaient destinées aux étrangers et peuplées de villas plus ou moins élégantes, mais trop souvent de style prétentieux et boche, qui n'étaient occupées que durant la belle saison.

La guerre a changé tout cela. On a construit de nombreux baraquements qui forment des camps pour les troupes. Mais beaucoup d'officiers cantonnent dans les fermes, maisons ou villas, et tous les services y sont établis. Il y a même un contraste piquant entre les noms bucoliques de ces résidences d'été et la qualité de ceux qui les habitent présentement. La villa Zéphyr n'avait pas été ainsi dénommée pour abriter la direction de l'artillerie lourde, ni « Sans-souci » pour recevoir les bureaux du Conseil de guerre, ni « Far niente » pour servir de résidence à l'Intendance, à la Prévôté ou au Trésor et Postes.

Maisons et villas où sont restés des « civils » sont en général organisées pour le commerce. Une salle du rez-de-chaussée a été transformée en boutique, et il y a toujours au moins une fenêtre qui présente un étalage composite : boîtes de conserve et parfumerie, papier à lettres et cigares variés. Je ne parle pas des « estaminets », avoués ou clandestins, qui sont innombrables. Il y a l'enseigne indicatrice : *Au prince Albert, Au Congo, Au voyageur, Au Saint-Joseph.* Il y a la ferme, d'apparence inoffensive, où l'on trouve à manger et surtout à boire.

La population est douce, calme, un peu froide. Çà et là s'aperçoivent quelques figures rasées de vieillards qui ressemblent à des portraits de l'école hollandaise. On parle flamand. Quelques familles réfugiées des provinces envahies s'expriment en français. Pour les besoins de leur commerce, les marchands savent dire quelques mots en notre langue. Les petits enfants l'apprennent à l'école, car elle est devenue, depuis peu, obligatoire.

Les écoles fonctionnent normalement à Coxyde; quatre religieuses dirigent celle des fillettes. Les garçons, avec leurs instituteurs, ont cédé une ou deux salles au poste de triage du service de santé. On a créé en outre, dans une villa de Saint-Idesbald, une petite classe pour les enfants des réfugiés : un abbé en est directeur.

Toutes les fermes voisines ont encore leurs habitants, même dans la zone que bat parfois l'artillerie ennemie. Les champs sont labourés alternativement par la charrue et par les obus. Des enfants jouent sur le seuil. Une femme étend paisiblement son linge. Et on se demande si la maison ne va pas s'effondrer sous une « marmite » boche.

Une large bande qui suit le rivage, sur une profondeur de trois kilomètres environ, ne présente que du sable. C'est la dune. Quelques herbes, rares et chétives, y poussent difficilement. Le vent de mer s'y joue, y trace des rides, y creuse des vallonnements, y élève des monticules, comme le simoun ou le sirocco dans les déserts d'Afrique.

Le souvenir des brûlants paysages d'Algérie semblerait ne jamais pouvoir s'évoquer devant ces terres plates et blondes, noyées dans les brumes du Nord. Pour les Belges de la dune, ce rapprochement est devenu familier. Ce sont bien des scènes du désert que leurs yeux ont vues sur les sables flamands, lorsque, dans le premier hiver de la guerre, des campements d'Arabes animaient cette solitude : petites tentes plantées irrégulièrement et dont la couleur se confondait presque avec celle du sol. Devant elles, des Arabes enroulés dans leurs burnous, assis en rond devant un feu de bois, buvant du café ou fumant des cigarettes, les mains frileusement tendues vers la flamme; et tout près, au second plan, des hommes s'empressant autour de chevaux richement harnachés, sautant en selle dans un envolement d'étoffes claires ou éclatantes, en lançant des appels gutturaux.

Les civils belges contemplaient avec joie ces visions des pays du soleil. Ne sont-ils pas les fils de ces Flamands qui, partis

CE SONT BIEN DES SCÈNES DU DÉSERT QU'ONT VUES LES SABLES FLAMANDS

pour la croisade avec leur comte Baudouin, furent tellement éblouis par les splendeurs de Constantinople et les rives du Bosphore que le bon chroniqueur Villehardouin nota, comme un fait digne de remarque, cet émerveillement.

L'image de l'Orient, qui imprégna si vivement l'esprit de ces lointains croisés, n'a jamais disparu de l'imagination flamande.

La pompe orientale fascinera les Flamands au début de leur histoire, a pu écrire M. Fierens-Gevaert, et se répandra dans leurs goûts, dans leurs mœurs, dans leur art, pour y jeter un vêtement perpétuel de faste et un éternel nuage d'or.

Quels peintres ont fait chanter plus éperdument la couleur que les fils de cette terre mélancolique et brumeuse? Où trouver des toiles plus rutilantes que celles de Rubens et de Jordaëns?

Un peu plus loin, le *polder* marécageux nourrit quelques arbustes. Enfin commencent les terres arables, les prairies, les arbres. C'est la basse terre flamande, conquise sur les eaux, ce triangle de champ gris, juste assez large, selon l'expression de M. Emile Vandervelde, pour permettre à l'armée belge d'y planter ses drapeaux.

Pas une bosse, pas un accident de terrain, écrit Charles Le Goffic. Un horizon quadrillé par d'interminables lignes droites de saules

DES HOMMES SAUTANT EN SELLE DANS UN ENVOLEMENT D'ÉTOFFES CLAIRES

ou de peupliers; quelques ruines de fermes éparses dans la plaine, la tour mutilée d'une église, et, sur les digues, le squelette d'un moulin dont les ailes disloquées crucifient le ciel après avoir brassé si joyeusement autrefois les flocons de brume qui montent des prairies. O visage humilié de la grasse et mystique terre flamande!

Le long de ces champs coule l'Yser. C'était jadis un fleuve paisible, chanté par les poètes bucoliques.

> Il fuit d'une tranquille allure,
> Entre ses rives bien enclos,
> Et dérobe sous la verdure
> Le léger cristal de ses flots.

Aujourd'hui, il justifie l'origine flamande

de son nom : fleuve de fer. C'est contre ce fleuve de fer que s'est brisée la ruée des Barbares.

Fleuve saint aussi et, comme on l'a appelé, « Jourdain de la Belgique ». Un prêtre belge voulut baptiser avec son onde un nouveau-né, entendant symboliser par cette eau lustrale les vertus de la race et les revanches contre l'envahisseur.

Les routes sont assez bonnes, du moins pour cette saison. Pavées par endroits de larges blocs de grès, pourvues de petites pistes pour bicyclettes et piétons, elles sont entretenues avec soin par le génie français.

C'est la grande route de Dunkerque à

Furnes et de Furnes à Nieuport, en suivant le canal. C'est la route d'Adinkerque à La Panne, Zeepanne, Coxyde-ville, Oostduinkerque-ville et Nieuport, par le bois carré et le bois triangulaire. C'est la route de Coxyde-bains à Nieuport-bains par Oostduinkerque-bains et la Laiterie royale. C'est la route de l'Eolienne où le vieil Eole fait sentir, en effet, son souffle puissant.

Plusieurs de ces routes étaient sillonnées jadis par de petits chemins de fer ou des tramways. On en utilise encore quelques-uns pour le transport des troupes et des matériaux. D'autres ne sont plus qu'un souvenir et laissent apercevoir sous le sable des tronçons de rails ou des traverses de bois.

Camions-automobiles, voitures de ravitaillement, caissons d'artillerie, autos sanitaires, sillonnent sans cesse, de jour et de nuit, tous ces chemins, sous l'œil bienveillant des gendarmes belges et français, sans parler des motocyclettes, des bicyclettes, des piétons et des cavaliers. C'est l'activité habituelle des secondes lignes, encore accrue par le fait que Coxyde-ville est un « nœud de routes » où passent aussi des Belges et des Anglais. Chaque matin, on entend des trompettes qui sonnent : l'artillerie du roi Albert fait la relève ou promène ses chevaux; ou bien caracolent les lanciers aux étriers dorés et défilent les fantassins, en uniformes kaki. Nous pouvons causer quelquefois avec des aumôniers de l'armée belge, qui ont une tenue d'officiers et se distinguent seulement par une croix de métal suspendue à un ruban aux couleurs nationales et portée comme une décoration. Les séminaristes et religieux brancardiers ont aussi sur la poitrine une croix qui les fait reconnaître, mais elle est en drap rouge.

*
* *

Nous avons trouvé ou établi de nombreux centres religieux. Je ne parle ni de La Panne ni d'Adinkerke qui ont des curés et des aumôniers belges pour les paroisses et pour les ambulances; non plus de Saint-Idesbald, où sont réfugiés quelques prêtres de la Belgique envahie. Mais, dans le secteur exclusivement français, les camps et cantonnements sont bien pourvus. Je ne dirai point les emplacements où campent nos troupes (Taisez-vous! Méfiez-vous!), mais seule-

ment les noms glorieux qu'ils portent — gloires d'autrefois ou d'aujourd'hui.

Aux camps Jean-Bart et Jeanniot, Messe quotidienne et Messe du dimanche, comme à l'ambulance qui fonctionne non loin de là. Des prêtres soldats célèbrent et un aumônier divisionnaire vient prêcher.

Coxyde-ville a une jolie église flamboyante, aux larges et beaux vitraux. Le vicaire belge qui administre la paroisse nous accueille aimablement. Beaucoup de nos prêtres brancardiers, quand leur service ne les appelle pas ailleurs, disent leur Messe, chaque matin, sur un des trois autels. Tous les soirs, grande réunion militaire et allocution par un aumônier. Tous les dimanches, Messes basses à partir de 5 heures et Messe militaire à 9 heures. Celle-ci est très fréquentée. Les bons Belges y viennent nombreux pour entendre chanter nos soldats qui les édifient. Il nous faut même défendre les places de ceux-ci contre les « civils » envahissants. Nous prions ensemble pour la Belgique et pour la France.

Après deux ans de guerre, nos réunions quotidiennes sont toujours aussi fréquentées. Celles de Coxyde ont même été particulièrement ferventes. Les confessions étaient nombreuses chaque soir. Beaucoup d'hommes restaient encore à prier, après l'office terminé.

Les chapelles des marins et des zouaves sont installées à Coxyde-bains, dans des villas. C'est aussi dans une villa, qui porte le nom profane de « Petite Coxydoise », que l'abbé Alphonsi, le dévoué curé de Pavillons-sous-Bois, l'homme d'œuvres averti, bien connu dans les Congrès parisiens, a installé comme une petite paroisse très fervente où les Messes quotidiennes et les saluts du soir attirent une pieuse élite. Le dimanche, il célèbre, dans le grand salon de l'hôtel T..., une Messe solennelle en musique.

Oostduinkerque-ville a gardé son vicaire qui dirige les offices paroissiaux fréquentés par un certain nombre de nos hommes et par quelques-uns de nos prêtres officiers ou soldats. Mais on n'y prêche qu'en flamand. Oostduinkerque-bains est au contraire tout français. Les Pères du Saint-Sacrement y avaient construit une gracieuse et vaste chapelle. C'est là que se tenait habituellement le cher abbé Van Parys qui

LES ARTILLEURS SE VOYAIENT « SERVIR A DOMICILE »

fut tué le 3 août. Trois fois par semaine, un aumônier divisionnaire y vient prêcher à la réunion du soir, et le dimanche il préside la Messe militaire de 9 h. 3o, très suivie, surtout en ces derniers temps. A nos soldats se joignent des canonniers anglais et des gendarmes belges.

Trois autres camps : Lefèvre, Kuhn et Galimard, ont aussi leurs Messes dominicales ou même quotidiennes. Chaque camp possède d'ordinaire une « salle de réunions ». C'est une baraque où des bancs et des tables sont disposés. Les hommes peuvent y lire et y faire leur correspondance. A une extrémité de la salle un autel est disposé. Tout au moins une planche qui se relève contre la cloison et forme console permet d'installer rapidement la chapelle de campagne de l'aumônier ou du prêtre soldat. On range en bon ordre les bancs, qui ne suffisent pas d'ailleurs à recevoir tous les auditeurs. Beaucoup restent debout ou s'appuient contre les tables. On est à l'abri de la pluie et du vent, ce qui est l'essentiel. Le sermon s'entend mieux qu'en plein air, et la « chorale » est plus à l'aise pour exécuter ses chants.

Dans un de nos camps, nous avions même obtenu l'usage exclusif de l'extrémité d'une baraque, que nous avions séparée et isolée par une cloison mobile. En semaine, c'était un petit oratoire où une vingtaine d'hommes pouvaient assister à la Messe et beaucoup plus se succéder pour la visite au Saint Sacrement, car nous conservions la sainte Réserve dans un petit tabernacle qu'un de nos prêtres officiers transporte dans ses bagages. On commençait même, quand nous sommes partis, à peindre des motifs religieux sur les papiers huilés des fenêtres, pour les transformer en « vitraux ». Le dimanche, on enlevait la cloison, on rangeait proprement dans la baraque les lits des sous-officiers et leurs paquetages, on amenait quelques bancs, et plus de cent hommes pouvaient entendre commodément la Messe.

En approchant du front, les centres religieux, bien que plus difficiles à établir, étaient encore nombreux dans les secondes lignes.

Les artilleurs, qui ne peuvent quitter leurs pièces, se voyaient — si l'on peut ainsi parler — servir à domicile par des prêtres officiers ou canonniers qui venaient dire la Messe aux divers groupes. Le P. C. amiral (poste de commandement) avait aussi son office, ainsi que la Laiterie royale et quelques batteries détachées.

A Nieuport-ville, dans la chapelle souterraine, à côté du poste de secours central, quatre ou cinq prêtres célébraient chaque jour la Messe et se réunissaient le soir pour prier devant le Saint Sacrement. Le dimanche, on multipliait les offices afin de recevoir un plus grand nombre de soldats dans cette crypte exiguë, mais bien abritée contre les obus. Nieuport-bains avait, au second étage d'une maison que le bombardement ébranlait souvent, sa « chapelle des zouaves » avec une Messe quotidienne.

Enfin, dans les tranchées de première ligne elles-mêmes, au delà de l'Yser, à l'Eclusette, au Redan, deux ou trois petites chapelles, dans un poste de secours, dans un abri en sacs de sable, permettaient aux prêtres soldats de célébrer chaque jour, ou plutôt chaque nuit, le Saint Sacrifice et de distribuer des communions.

J'ajoute que, chaque dimanche, au cours de l'après-midi, se réunissaient, dans un camp le groupe Saint-Michel composé d'anciens membres des œuvres catholiques, à Oostduinkerque-bains une conférence de jeunes, et à Coxyde-ville le Tiers-Ordre de Saint-François.

Cette Fraternité mérite une mention spéciale. Ses débuts furent modestes, en Lorraine. Un de nos prêtres brancardiers, l'abbé Rivière, en fut le fondateur. Il réunit d'abord quelques Tertiaires qu'il avait rencontrés et groupés, soit dans une église, soit dans la grange de son cantonnement. Peu à peu, le cercle s'étendit sans que diminuât la ferveur du zèle ni la bonne cordialité. A Coxyde, l'aimable hospitalité de M. Froidure dans sa villa de l'Yser permit les réunions régulières, la rédaction d'un bulletin mensuel, *Tertiaires et combattants*, un recrutement plus large et des œuvres de zèle mieux organisées. A l'abbé Rivière, rappelé à la réserve du personnel, puis affecté à une autre formation sanitaire, avait succédé, comme directeur, l'abbé Dubray, qui, tout en continuant les traditions, développait le groupe, en appuyant sa jeune activité aux sages conseils du bon P. Mulsant, Capucin et territorial. Quand nous quittâmes la Belgique, les Tertiaires venaient d'organiser la vente du *Pèlerin*, des abonnements à la *Croix*, une distribution de tracts.

XVIII — LA VILLE MORTE

J'ai lu son histoire dans un petit volume que me prêta l'aide-major B...

C'était, au xiie siècle, une simple bourgade qu'on nommait « Sandhoven » parce qu'elle était construite sur une grande dune. Elle s'étendit peu à peu et devint une ville entourée de remparts. Le chenal de l'Yser fut amélioré. La pêche maritime se fit de plus en plus importante. Sandhoven s'appela désormais Nieuport. Détruite en 1383, après un long siège, la ville renaît bientôt grâce à l'appui de Philippe le Hardi et de sa femme, Marguerite de Maele. Toutes les rues sont refaites en lignes droites. Le commerce se relève. Au commencement du xve siècle, Nieuport a 20 000 habitants. C'est le premier port du littoral, la première forteresse de la Flandre occidentale.

Je rappelais ces souvenirs, l'autre jour, en cheminant le long du bois triangulaire, entre les toiles tendues pour cacher à l'ennemi le passage des convois et le feu des pièces. A mesure qu'on approche de la ville apparaissent les signes de dévastation et de mort. Les maisons sont ruinées. Sur la droite, on aperçoit les restes de l'usine à gaz : le gazomètre n'offre plus que sa carcasse de fer ; toute la maçonnerie s'est écroulée. C'est dans les ruines d'un estaminet qu'est installé le poste de police. Voici le pont qui franchit un petit canal : point dangereux, fréquemment « marmité », comme en témoignent les arbres déchiquetés de l'avenue. On a construit en contre-bas une petite passerelle qui permet de cheminer plus en sûreté. Il faut ensuite franchir la voie du chemin de fer. Un écriteau invite encore à se méfier des trains : recommandation superflue. Ce sont d'autres dangers qui menacent ce passage à niveau. La gare est à gauche : un amas de ferrailles et de décombres. Le boulevard qui y conduit est planté de beaux arbres encore à peu près intacts. Nous voilà entrés en ville.

Il est aisé de s'y reconnaître. Les rues se coupent, en effet, à angles droits, comme dans une cité américaine. Elles portent encore les plaques indiquant leurs noms, en français et en flamand : rue Haute, rue Large, rue des Récollets, rue de l'Ancre, rue des Cuisiniers, rue de l'Eglise. Mais c'est partout la ruine totale. On dirait que chaque maison a reçu son obus. Quelques façades tiennent encore, quelques pans de murailles ne sont effondrés qu'à demi. Quant aux toits ils n'existent plus. Le projectile lui-même ou ses éclats ont sans doute écorné la charpente et toutes les tuiles légères sont tombées. La pluie et le vent ont achevé l'œuvre destructrice de l'artillerie boche. Tous les plafonds et tous les planchers sont crevés. Chaque rez-de-chaussée a son tas de gravats qui représente ce qui reste de l'étage supérieur. Çà et là, des anomalies : une lanterne de bec de gaz à peu près intacte, une enseigne qu'on dirait peinte la veille, un escalier qui paraît suspendu comme par miracle, une muraille percée de dix trous d'obus — gigantesque écumoire — et cependant encore debout. Partout des débris variés : gaines d'horloges, vieux fauteuils, ustensiles de ménage, livres et papiers. Je vois des vies de saints, les livres de comptes d'un négociant, l'agenda d'un vétérinaire.

Dans les jardins, parmi les décombres, fleurissent pavots et sureaux, roses, violettes, giroflées. Des poiriers sont restés appuyés aux murailles et promettent quelques fruits.

Le silence de la ville morte est impressionnant. Seuls y retentissent les coups de canon — arrivées ou départs. Les rues sont désertes ou presque. La consigne est de circuler le moins possible, car le bombardement peut reprendre à toute heure, et, comme on dit, c'est le premier coup qui est le plus dangereux. On prend les petites ruelles, moins exposées aux feux

RUINES DE L'ÉGLISE DE NIEUPORT

d'enfilade, on se glisse de maison à maison, on emprunte les boyaux couverts. Dans l'angle d'une cour mieux abritée, on fait la cuisine. A l'abri d'une muraille plus épaisse, le Génie travaille.

Mais c'est dans les caves surtout que la vie s'est transportée.

— Où habitez-vous ? demande-t-on à un officier.

— Rue des Cuisiniers, troisième cave à droite, à côté de la muraille qui a le gros trou d'obus.

De robustes pare-éclats protègent soigneusement les soupiraux. Un tuyau en sort, qui donne passage à la fumée. Pour fortifier la voûte, on a entassé sur elle des rondins, des sacs de sable, des traverses métalliques. Mais c'est l'intérieur des caves qu'il faut voir. On y a accumulé tout le mobilier des maisons ruinées : grands lits, bureaux américains, pianos, glaces, rien ne manque. Les glaces sont spécialement précieuses : la lumière étant rare, il importe de la multiplier, et on y réussit assez bien par des jeux de miroirs dont on calcule les angles. Les élégantes de Nieuport ne se doutaient pas, sans doute, de cette utilisation future de leurs psychés.

Ce n'est pas, d'ailleurs, aux seules caves de la ville qu'elles ont servi. Il n'est pas rare de rencontrer dans les abris des batteries de la région quelques épaves de ce mobilier « sauvé de Nieuport ». C'est l'expression reçue, et elle est exacte, car les intempéries auraient détruit ce qui avait échappé aux obus.

Je visite le poste central de secours, la

RUINES DE L'ÉGLISE DE NIEUPORT

chambre du médecin-chef, celle de l'aumônier des marins, la chapelle. Partout de bonnes voûtes : c'est la principale qualité qu'on apprécie dans un appartement, en ville bombardée.

Un peu plus loin, le dépôt mortuaire, dans l'ancienne boutique d'un charcutier : on l'a choisie à cause des revêtements de faïence qui couvrent les murs et en facilitent le lavage et l'entretien. Quelques statues et tableaux lui donnent un air religieux.

Encore quelques pas, et voici la cave du colonel qui commande le secteur ; puis celle de l'artillerie lourde, qui est installée dans un ancien couvent. Tout à côté, un tennis a été installé sur le sol à peu près intact d'une cour ; j'assiste à un match dont les partenaires sont un lieutenant d'infanterie, président de Jeunesse catholique, et un capitaine d'artillerie qui, dans le civil, est prêtre et directeur d'œuvres.

Je reconnais quelques façades du XVIe siècle, des ruines d'écoles. Mais je me hâte vers la grand'place.

Elle est vaste, bien ouverte. D'un côté, un boulevard aux maisons élégantes et d'architecture variée : briques roses, faïences polychromes, pignons en escaliers, balcons, miradores, auvents, petits par-

terres entourés de grilles. Plus loin, l'hôtel des Flandres, puis des boutiques : tissus, marchand tailleur, dégustation, bazar, bijouterie. Ici, le Génie a déposé, sous les arbres, des matériaux variés : grandes poutres de sapin, traverses de fer, rails. Avançons encore : voici les ruines de la halle du XIVe siècle, restaurée peu avant la guerre ; il n'en reste qu'un informe amas de pierres. Même destruction totale de l'hôtel de ville Renaissance, commencé en 1513. Ruinés encore l'hospice des Orphelins et la tour des Templiers, gros donjon carré. Et ruinée la grande église.

C'était un des plus vastes et des plus anciens édifices gothiques des Flandres. Ses pierres tombales, très anciennes, et ses boiseries de chêne étaient réputées.

Sa tour a été battue et rebattue par les obus. Des blocs entiers de sa maçonnerie sont tombés sous les coups, et de nouveaux coups les ont brisés à terre. Les Boches se sont acharnés contre elle comme des bêtes féroces sur un cadavre. Un officier d'artillerie, qui habite auprès, a photographié, jour par jour, et non sans danger, les progrès de la destruction. Il a réuni ses épreuves dans un album qu'il appelle « la mort de la tour ».

Le chœur est mieux conservé. Ses robustes murailles tiennent toujours, et les
ogives de ses vitraux se joignent, comme
de vieilles mains lassées. La chaîne d'une
lampe pend encore à une clé de voûte. Le
transept est effrayant, avec ses grandes
baies vides et ses murs percés de formidables trous. La nef aussi est très atteinte :
la corniche qui surmonte les piliers est
toute dentelée par les brèches qu'ont ouvertes les projectiles.

Ainsi mutilée, elle a encore grand air, la
vieille église, se détachant sur le ciel brumeux. Son portail a conservé ses meneaux
et s'ouvre sur le cimetière de nos soldats,
car la maison de Dieu,
ruinée par les Barbares,
occupe le centre du
champ des morts, dont
elle semble avoir la
garde.

Dans la plupart des
villes modernes, les vieux
cimetières sont devenus
des places publiques.
Dans la ville morte, au
contraire, c'est la place
publique qui est devenue
le cimetière des soldats.
Un gracieux cimetière.
Les tilleuls et les marron-
niers ont été à peu près
épargnés par les obus.
Les oiseaux chantent
dans leur verdure fraîche
— étrange contraste avec
tant de ruines et tant de
deuils. Dans le sol sa-
blonneux, il a été facile

RUINES DE L'ÉGLISE DE NIEUPORT

pe creuser les tombes. Elles sont disposées
en allées régulières. Mais ce qui étonne et
charme, c'est le caractère spécial de leur
décoration.

J'ai vu bien des tombes militaires, et des
plus émouvantes. Au bord d'un champ,
une baïonnette fichée en terre et portant
un képi. A Nieuport-bains, dans le sable,
un petit cadre en briques, limitant la place
du cercueil. Dans les tranchées de la dune
ou du polder, une croix dessinée avec des
éclats d'obus, une bouteille renversée gar-
dant sur une carte le nom du défunt.

Mais aucun cimetière ne m'a paru plus
touchant que celui de la ville morte, où
la piété naïve de nos chers soldats s'est

ingéniée pour rendre plus honorable la
sépulture des camarades tombés au champ
d'honneur.

Ils ont pris d'abord dans l'église et dans
les maisons ruinées les dalles carrées de
marbre et de faïence. En combinant leurs
couleurs variées, ils ont tracé des croix sur
les tombes et ont encadré les tertres pour
les protéger mieux. Il fallait aussi entourer
chaque tombe d'une clôture ; d'ordinaire,
les menuisiers bâtissent, avec quelques
traverses, une claire-voie qu'on enfonce
en terre et qu'on peint en blanc et noir, si
on a des couleurs. A Nieuport, ces frustes
ouvrages sont rares : on a trouvé mieux.

Dans les ruines de
l'église, on a recueilli les
colonnettes de marbre
et les balustres en bois
qui fermaient les cha-
pelles et qui entourent
les tombes d'une clôture
plus riche. J'ai même vu
les montants de petits
lits d'enfants, ces lits de
fer léger, recouvert d'un
vernis blanc ; et rien
n'est plus touchant que
cette idée de protéger le
dernier sommeil de nos
braves par ces débris qui
supportèrent jadis la
couche des tout petits.

Quelques dalles de
marbre blanc portent
les noms des défunts, en
rouge, habilement gra-
vés. Il se trouva, sans
doute, un professionnel
consciencieux, sculpteur ou marbrier, qui
mit son talent au service des territoriaux chargés d'entretenir le cimetière. Sur
d'autres tombes, on a fixé une plaque
de cuivre ou de porcelaine envoyée par
la famille. Le plus souvent, les inscriptions sont au coaltar ou même à l'encre.
Leur rédaction n'est pas uniforme. A côté
de la formule, belle et simple — « mort
pour la France », — il y a la phrase dictée
par les camarades : « Ici repose le corps
de notre ami. »

Une tombe d'ami doit être ornée. Nos
bons troupiers ont d'abord pris, dans les
jardins, toutes les plantes transportables :
lauriers et buis, œillets et rosiers, lis, horten-

sias, soucis, iris et pensées. Mais il n'y a que les morts de 1915 qui soient ainsi fleuris. Les jardins, bientôt, ne suffisaient plus à entretenir les tombes fraîches. Alors c'est dans les ruines — les ruines aux ressources innombrables — qu'on a cherché des ornements. Tout d'abord les crucifix. Il y en a de toutes les formes et de toutes les dimensions, de cuivre et d'ivoire, de plâtre et de bois. Viennent ensuite les statues de saints et de saintes; on croirait voir des factionnaires montant une garde d'honneur, plusieurs parfois sur la même tombe : saint Joseph et Notre-Dame des Victoires, sainte Claire et Notre-Dame de Lourdes, saint Antoine et la Sainte Famille. Enfin, des sujets variés : naïfs Enfants Jésus sur la paille, anges pleureurs, vases, fleurs artificielles, débris informes de bois sculpté, gloire aux rayons de cuivre, chandeliers, drapeaux, boules de jardin, bibelots d'étagères, bobèches de lustres, ornements de perles, jusqu'à des tableaux sous verre. Parmi ceux-ci, j'ai remarqué un souvenir de mariage représentant deux mains unies, touchant symbole, choisi peut-être par un ami, pour celui qui reposait là.

Sur tous ces morts, un grand crucifix « étend ses bras sans tache et blancs comme le lait ». On l'a pris dans une chapelle de la ville morte, et on l'a fixé à une haute colonne de pierre, en avant de l'église. Il rappelle la grande croix centrale de nos cimetières chrétiens. Les projectiles de l'ennemi l'ont épargné jusqu'à présent. Mais, comme pour montrer la menace qu'il brave et qu'il écarte, un arbre de la place a été brisé en deux à côté de lui.

CIMETIÈRE DE NIEUPORT

A la nuit tombante, dans le silence qui se fait plus complet — car les batteries se sont tues, — on prie avec une émotion nouvelle pour ces chers morts de la ville morte, et on s'éloigne comme à regret.

Mais il faut aller plus loin, à d'autres devoirs. La vie continue. Dans les caves, on cause et on rit, avant de dormir, et les cyclistes qui arrivent d'Adinkerque à toutes pédales parcourent les rues noires en criant : « Les journaux! Voilà les journaux ! Qui veut le journal du jour? Dix centimes! Grande victoire russe et les exploits de nos aviateurs! »

*
* *

Nieuport-bains était la ville neuve, de luxe et de plaisir. Plus de maisons modestes, basses, construites pour la vie de famille et le négoce, — mais des villas élégantes, de vastes hôtels, un casino somptueux. On cherchait à attirer les étrangers sur cette plage bien située, entre Malo et Ostende. Une large rue conduisait jusqu'à l'Yser, près de son embouchure; elle desservait les jardins et les cours des maisons dont les façades étaient tournées face à la mer. Défense de passer, aujourd'hui, sur cette voie copieusement bombardée. On chemine d'une maison à l'autre par des chicanes, ou bien on suit les boyaux, de superbes boyaux lambrissés en planches de sapins qui ont conservé la bonne odeur des forêts.

La ruine paraît moins complète qu'à Nieuport-ville. L'église est presque détruite; il en reste à peine une chapelle latérale dont on a fait le dépôt mortuaire. Mais les autres constructions, plus solides sans doute, ou moins directement visées, ont mieux résisté. On voit encore quelques toitures, on peut gravir quelques escaliers. Pour plus de sûreté, les hommes vivent dans les caves et les sous-sols. Mais la chapelle que dessert notre ami, l'abbé Quintal, est au second étage d'une maison à peu près conservée.

C'est dans cette maison que j'ai vu d'amusants dessins tracés par un zouave sur le mur blanc du corridor. Il les avait définis « le musée des horreurs ».

Le « gardien du musée », c'est le kronprinz qui est assis, les moustaches menaçant le ciel, le dos rond, les mains entre les genoux. Son père, Guillaume, figure le «conservateur»: il porte un sabre immense; son casque est surmonté d'une chouette.

Vous voyez ensuite le « charlatan », qui émerge d'un vase de nuit qualifié « Agence Wolf », et qui bat vigoureusement la grosse caisse crevée d'où sortent de nombreux canards portant dans leurs becs des inscriptions variées : la famine en France, la révolution à Paris, victoires allemandes.

Nouveaux tableaux : *Les actualités de la guerre*. Un zouave, l'air goguenard, la pipe entre les dents, tient à la main quatre laisses qui vont se fixer au .....groin de quatre Boches. *Quelle purge, mon empereur!* Guillaume en costume de nuit, aigle brodé sur la chemise, sandales aux pieds, jambes nues, bougeoir à la main, se dirige vers un petit édifice aisément reconnaissable, dont la porte est timbrée d'un majestueux W.-C. surmonté de la couronne impériale. *Le châtiment*. L'aigle à deux têtes se cramponne à un perchoir : elle a le front bandé et porte aux ailes des déchirures grossièrement recousues. Au-dessous, l'archiduc Frédéric d'Autriche et Guillaume le dément, revêtus de la camisole de force, se mordent les poings.

Le musée se termine par les bustes d'Hindenburg, von der Goltz, Feld pacha Liman von Sanders, avec la recommandation : « Défense d'exciter les animaux » et l'avis : « Entrée interdite aux femmes nerveuses. »

Vous voyez que la gaieté française ne perd jamais ses droits.

XIX — LA VILLE ENDORMIE

Furnes n'est pas dans le secteur français. Il faudrait, pour s'y rendre, une autorisation spéciale. Par bonheur, le gendarme belge qui veille à la barrière n'est pas sans pitié. Il comprend et excuse notre légitime curiosité et nous autorise à visiter la ville qui dort et dont nous lui promettons de ne pas réveiller les échos.

Souvent, le soir, après l'office militaire, sur la route qui va d'Oostduinkerque-bains à Coxyde-bains, je m'étais arrêté à contempler les gracieux clochers de Saint-Nicolas et de Sainte-Valburge qui pointaient à l'horizon. J'étais heureux de les voir de plus près.

La jolie lettre de Victor Hugo, rappelée peu de temps auparavant dans un journal de Paris, ne faisait qu'augmenter mon désir de connaître la petite cité flamande. Joyeux de découvrir des merveilles, le poète, arrivant à Furnes un soir d'août 1837, écrivait à sa femme :

J'ai sous les yeux, chère amie, une des plus jolies places que j'aie encore vues. Vis-à-vis de moi, un noble hôtel de ville de la Renaissance, dont le beffroi est gothique...... A gauche, plusieurs logis de divers styles, fort bien contrastés. En face, à côté de l'hôtel de ville, quatre ou cinq gracieux pignons du xvie siècle, au-dessus desquels se découpe, dans le crépuscule, le profil d'une nef gothique. Enfin, à droite, une belle embouchure de rue, ourlée d'un côté d'un petit châtelet, fort sévère et fort curieux ; de l'autre, d'un élégant fronton espagnol à rocailles, accouplé à plusieurs autres, le tout dominé par une superbe flèche, tout en briques, qui est d'une ligne magnifique..... Si tu y étais, et les enfants avec toi, la place de Furnes n'aurait rien à envier à la place Royale.

Ce fut donc pour moi un vif plaisir d'aller admirer cette place de Furnes dont les monuments, vrais joyaux d'art, chargés de passé, plaisaient si fort à l'auteur d'*Hernani*.

ENTRÉE DE L'HÔTEL DE VILLE DE FURNES

Elle est bien carrée, bien pavée, bien propre, cette grand'place, qui était jadis le cœur de la cité et qui s'enorgueillissait de présenter à l'étranger tant de pierres ajourées comme des dentelles, tant de merveilles de l'art hispano-flamand.

On y aperçoit, à chaque pas, de beaux vieux logis et des enseignes curieuses. Voici l'ancien pavillon des officiers espagnols : le corps de garde espagnol qui fut jadis la halle aux lins, et qui présente de gracieuses colonnettes; l'hôtel de la noble Rose, la maison du Cygne. L'hôtel de ville, à façade Renaissance, en briques jaunes, offre, au rez-de-chaussée, une jolie galerie; il a été récemment restauré. Le Palais de Justice, son voisin, est de la même époque, mais d'aspect plus sévère. Derrière lui, le beffroi, dit tour Sainte-Cécile. Sa base carrée que couronne une balustrade gothique, porte une tourelle octogone surmontée d'un campanile compliqué.

En entrant dans l'église de Sainte-Valburge, qui se cache modestement derrière les monuments civils, j'ai eu la bonne fortune de rencontrer le vicaire, le « coadjuteur », qui dessert en ce moment la paroisse. Il m'a aimablement guidé et renseigné.

Sainte-Valburge a des parties romanes. Commencée sous Baudouin Bras de fer, au IX⁵ siècle, elle fut ruinée par les Nor-

mands et reconstruite au XIV⁵ siècle, en beau style ogival, mais elle demeure inachevée. Il lui faudrait encore, au moins une travée après le transept. Les belles stalles sculptées, du XVII⁵ siècle, ont été enlevées et mises en lieu sûr, hors de la portée des Barbares. Les obus de ceux-ci n'ont atteint, par bonheur, que l'ancienne sacristie. Ni les belles colonnes en pierre de Volvic, ni les briques roses, ni même les vitraux aux riches couleurs n'ont souffert du bombardement.

Saint-Nicolas a été également épargné. Il est aussi du XIV⁵ siècle. Sa tour est fort belle. Elle domine de beaucoup la flèche de Sainte-Valburge. Son jubé est curieux. On ne peut voir les sculptures de la chaire qu'un amoncellement de sacs de terre protège contre les éclats des projectiles ennemis.

Deux belles églises pour cette petite ville de 6.000 habitants, petite par sa population actuelle, mais grande par son histoire, me dit le vicaire.

Furnes obtient sa première charte en 1109. C'est une place très forte. Elle participe à la bataille des Eperons et à celle de Cassel au début du XIV⁵ siècle. Elle est pillée par les Normands, désolée par les guerres civiles et religieuses, mais jouit ensuite d'une heureuse paix sous l'archiduc Albert. Annexée à la France au temps de l'Empire, elle est réunie à la Hollande après Waterloo. C'est par Furnes, enfin, que Léopold Ier entre en Belgique en 1831. En 1916 — et ce dernier trait de son histoire la rendra à jamais célèbre — Furnes, capitale de la libre Belgique, est la seule ville importante du royaume où l'ennemi n'ait pas pénétré, celle où le roi-chevalier prépare avec confiance la délivrance de son pays.

Je savais que les Flamands appelaient volontiers Furnes « la ville sainte » et que ses « processions de pénitence » attiraient toujours un grand concours de peuple. Je demandai à mon guide de m'expliquer l'origine de ces célèbres manifestations religieuses.

Le comte Robert de Jérusalem, me dit-il, revenait de la Croisade vers l'an 1100, quand il fut assailli en mer par une tempête. Dans ce danger pressant, il fit vœu d'offrir une relique de la vraie Croix, qu'il rapportait, à la première église qu'il rencontrerait, s'il pouvait débarquer sain et sauf. Cette église fut celle de Furnes, qui conserve, en effet, le précieux reliquaire.

Depuis les temps anciens, on commémora ce retour du comte Robert. Il y eut des représentations dramatiques du mystère de la Passion, dès le XVe siècle. Abandonnées au XVIIe, elles furent reprises en

LE CORPS DE GARDE
A LA GRAND'PLACE DE FURNES

1650, à la suite et en expiation d'un sacrilège.

Aujourd'hui, c'est une procession qui

L'ANCIENNE PROCESSION DE FURNES

rappelle les vieux et saints souvenirs. Quarante sujets sacrés sont représentés par des personnages qui défilent lentement. Des anges précèdent les groupes, déclamant sur un thème donné et expliquant les tableaux. Les acteurs de chaque groupe avancent en dialoguant. C'est une scène qui marche. Tout cela est accompagné, comme il convient, de bannières, d'étendards, d'emblèmes, de banderoles. On porte aussi des palmes, des flambeaux, des lanternes, des fac-similés des instruments de la Passion, même des têtes de mort. Des pénitents et des pénitentes recouverts de cagoules soutiennent de lourdes croix et marchent nu-pieds. De très notables personnes aiment à se cacher ainsi, sous ce costume austère, pour témoigner de leur dévotion au mystère de la Croix.

En parcourant la place, la rue des Sœurs-Noires, celle des Bouchers, j'évoquais les solennités bruyantes de ce premier dimanche de juillet qu'on venait de me décrire. Je croyais voir la foule accourue de tout le diocèse de Bruges, de Dunkerque et de nos populeuses villes du Nord. Pauvres villes, aujourd'hui ruinées ou courbées sous la botte allemande! L'heu-

PANORAMA DE FURNES

reuse Furnes est restée libre. A peine blessée par quelques obus, elle dort, dans un silence et une solitude prudents, manifestant le peu de vie qui lui reste par quelques ombres glissant le long de ses murs, par quelques portes entre-bâillées, par quelques discrets chuchotements.

Mais elle n'attend, pour se réveiller, que le carillon triomphal de ses flèches et de ses beffrois, répondant à cette cloche Roland qui, nous dit Joergensen, ne sonne à la volée que pour annoncer la victoire au pays de Flandre.

J'ai quitté à regret cette Grand'Place de Furnes, en imaginant au milieu d'elle les cortèges magnifiques et les foules en liesse qui demain y célébreront les gloires du triomphe définitif. Les spectacles qui s'y dérouleront n'égaleront point cependant la beauté tragique et puissamment émouvante de la revue qui fut passée ici par le roi Albert, au lendemain de Ramscapelle.

Et avant de m'éloigner j'ai voulu relire, devant les vieux pignons à redans, les flèches gothiques et les balcons à jour, la page superbe où Le Goffic nous fait assister, en cette antique Grand'Place, au splendide défilé de ceux qu'on a appelés les « oiseaux noirs », les « cols bleus », les « demoiselles aux pompons rouges » :

Si je ne me trompe, c'était au lendemain de Ramscapelle, qu'un détachement de la brigade venait d'enlever à la baïonnette. Boueux, sordides, hirsutes, bandés de linges sanglants, les fusiliers marins traversaient Furnes pour regagner leurs tranchées de Dixmude, quand le roi, prévenu, descendit sur la place. Un seul clairon éraillé pour scander la marche. Et des baïonnettes tordues, des équipements en lambeaux, des pattes endolories, des échines circonflexes. Mais à la vue du souverain, tous les fronts s'étaient redressés, chaque pompon rouge à l'alignement. Et ces hommes épuisés par trente-six heures de batailles consécutives défilèrent comme à la parade, devant l'étrange et taciturne personnage en dolman noir, qu'aucun galon, aucun insigne ne distinguait, qui avait la valeur abstraite d'un principe et les fixait avec les yeux graves du devoir.

XX — NOTES ET CROQUIS

Quelques ordres du jour. — Dès notre arrivée en Belgique, nous avons le regret de perdre le général Guyot de Salins qui avait commandé notre 57e brigade, et se trouvait, depuis février, à la tête de la division. Il nous quitte pour prendre un autre commandement.

Le jour de Pâques est attristé par ce départ. Après les offices, nous lui avons fait nos adieux. Tout le monde le regrette. On rappelle son dévouement, son travail consciencieux, son calme courage pendant le mois que nous avons passé à la bataille de Verdun.

Voici l'ordre du jour par lequel le général nous a fait ses adieux :

(Supprimé par la Censure.)

(Supprimé par la Censure.)

(Supprimé par la Censure.)

La « coopé » des artilleurs. — Nous manquions de vin de Messe. La consommation en est assez grande à cause du nombre de prêtres brancardiers ou combattants que nous ravitaillons. On me dit : « Adressez-vous donc aux artilleurs de la lourde ; ils vont souvent à Bergues pour leur coopérative et se chargeront volontiers de votre fût. » J'allai à l'échelon et je vis le brigadier L... qui se mit très obligeamment à ma disposition.

C'était une occasion excellente de se renseigner sur le fonctionnement d'une coopérative militaire. Le brigadier ne se fit pas prier pour me donner des détails.

— Notre régiment, me dit-il, a été formé à La Rochelle. Nous sommes, pour la plupart, originaires du Sud-Ouest. En bourlinguant, le capitaine de notre batterie s'aperçut bien vite que ses hommes étaient « estampés » par les commerçants locaux. Il dit : « Faut faire une coopérative. » Et vous savez, Monsieur l'Aumônier, c'est un homme d'action. Quand il a décidé une chose, ça ne traîne pas. Il prêta 3oo francs. On acheta une barrique de bon vin et de l'épicerie. Le principe est de gagner très peu, mais il faut gagner pour ne pas perdre. Notre gain est de deux centimes par litre de vin. Ce n'est pas beaucoup, mais cela fait tout de même du boni, parce que c'est bien tenu et bien administré. En ce moment, nous vendons le vin à o fr. 8o le litre, et tout le monde est content.

Je vois, en effet, des canonniers qui s'empressent à un petit guichet percé dans le mur de planches du magasin. Chacun présente son bidon, le fait remplir et paye comptant. A cause du grand nombre d'hommes, on vend, en moyenne, une barrique par jour.

Le bénéfice a servi d'abord à rembourser les 3oo francs du capitaine. On fait ensuite quelques gracieusetés à la batterie. Les permissionnaires reçoivent gratuitement, pour leur voyage, une bouteille de vin et un petit repas. Et puis, il y a les porcs !

— Oui, me dit le brigadier, avec la permission du capitaine, j'ai employé une partie de notre boni à acheter deux porcs de quatre mois. Voyez-vous, Monsieur l'Aumônier, il faut les prendre maigres, mais déjà un peu grands pour qu'ils aient passé l'âge critique et les maladies de la première enfance. Le 13 mars, mes deux porcs pesaient 128 kilos les deux. En marchandant, je les avais payés 2 fr. o5 le kilo. Bien nourris, avec les débris des cuisines, ils ont vite profité. Fin avril, nous en avons vendu à 2 fr. 20 le kilo un qui pesait 120 kilos, il avait gagné un kilo par jour. Nous avons mangé l'autre. Nous avons un bon charcutier à la batterie. Il nous a fait 37 mètres de saucisses et des boudins, des rôtis, des côtelettes, des pâtés avec ail et épices, au goût du Sud-Ouest. Nos 200 hommes en ont eu pour trois repas et se sont bien régalés.

Avec l'argent de la vente du porc gras on a acheté quatre nouveaux porcs maigres. Je suis allé les visiter. Ils sont fort bien installés, dans une petite cabane, au bout des écuries. Leur sol est cimenté. Chacun a son auge. Un brave artilleur, d'origine rurale, leur prodigue ses soins, veille à leur propreté et à leur alimentation.

Le brigadier me fait les honneurs de sa porcherie modèle, puis nous revenons vers le magasin. En passant devant une écurie, il me présente le cheval du capitaine.

— Il n'y a que moi, me dit-il, qui aie le droit de le monter.

Je vois que le succès de l'entreprise vient de l'heureuse initiative du chef, de la confiance qu'il témoigne à son subordonné, de l'intelligence, de l'activité et du dévouement de celui-ci.

La « coopé » est la providence des artilleurs. Elle fait leurs commissions et leur procure à bon compte tout ce qui leur est utile : comestibles, vêtements, papeterie. Ces services rendus créent un lien nouveau entre les hommes. La batterie est une vraie famille.

Quelques jours après ma visite, un ordre soudain de départ arriva. On vendit tout de même les cochons avec 80 francs de bénéfice. On garda, pour la route, une barrique de vin et quelques provisions. Le reste fut liquidé. Et la coopérative vivra.

Un prêtre officier. — Dans un régiment nouvellement affecté à notre division se trouve le sous-lieutenant abbé N... Nous avons bien vite fait connaissance et il est devenu notre ami. Toujours obligeant, il nous remplace pour un sermon à donner, pour une cérémonie à présider. A la popote des brancardiers où nous l'avons invité plusieurs fois, il a fait, par ses récits pleins de feu et par ses anecdotes pittoresques, le bonheur de nos jeunes majors. C'est encore un bel exemple de prompte et complète adaptation.

Le régiment, revenant de Verdun, fut présenté au général Hély d'Oissel, commandant notre nouveau Corps d'armée. En parcourant le front, le général aperçoit l'abbé N... et s'arrête devant lui.

— Où avez-vous gagné votre croix de guerre?

— A Verdun, mon général.

— Et votre médaille militaire?

— A Verdun, mon général.

— Vous étiez?

— Adjudant, mon général.

— Et vous avez été nommé sous-lieutenant?

Ici, le colonel intervient et raconte au général en quelles circonstances le jeune officier a gagné ses décorations et mérité son avancement.

— Vous êtes de l'active?

— De la réserve, mon général.

— Quel âge avez-vous?

— Trente ans.

— Et qu'étiez-vous au début de la guerre?

— Caporal.

— Alors vous avez été sergent, puis adjudant, décoré et nommé sous-lieutenant?

— Oui, mon général.

— Que faisiez-vous avant la guerre?

— Je suis prêtre. J'étais vicaire à C..., au diocèse d'Evreux.

Le général réprime un geste d'étonnement, puis il recule d'un pas, fait gravement et lentement le salut militaire, et tend la main au prêtre officier en lui disant :

— Permettez-moi de vous féliciter.

A la fin de notre séjour en Belgique, l'abbé N... avait été affecté à une compagnie du dépôt divisionnaire. Il ne s'y plaisait pas et multiplia les démarches jusqu'à ce qu'il ait obtenu de revenir aux tranchées.

« J'estime, disait-il dans sa lettre de demande au général, que ma place, comme prêtre, est en première ligne. »

Au delà de l'Yser. — Longue visite aux tranchées par une belle journée printanière. J'ai d'abord vu mes confrères, l'abbé P... et l'abbé Q..., le premier, territorial, missionnaire diocésain de Tulle; le second, brancardier régimentaire, vicaire à Limoges. Ils assurent le service religieux à Nieuport-bains, voient les blessés qui passent au poste de secours, président les convois de la chapelle en ruines, qui sert de dépôt mortuaire, au cimetière des zouaves. L'abbé Q... est installé dans un petit coin de cave que remplissent une couchette, une table et un escabeau. C'est là que les camarades viennent demander un chapelet, un livre ou la jolie médaille de Notre-Dame des Armées, spécialement frappée pour eux. Cet humble souterrain a entendu bien des confidences, a été témoin de belles résolutions encouragées par des conseils virils de prêtre soldat.

Les cuistots fonctionnent dans la cave voisine. A d'autres visites j'irai causer avec eux, tandis que l'abbé Q... mangera de bon appétit la « cuistance » qu'on lui aura gardée. Mais aujourd'hui je me hâte.

Par les boyaux revêtus de planches de sapin aux inscriptions pittoresques, on est bientôt rendu sur les bords de l'Yser. Le pont Joffre est en réparation. L'autre jour, comme nous venions de franchir la passerelle voisine, un shrapnell tombait dans l'eau, à côté. Mais il est rare que nos hommes soient touchés dans ces passages rapides. Quant aux bateaux liés qui relient les deux rives, ils sont soigneusement visités et entretenus chaque nuit par les pontonniers.

Nous arrivons bien vite à l'abri du commandant A... qui dirige le secteur. Il veut nous faire les honneurs de son domaine, de la dune au polder. Nous suivons de nombreuses tranchées qui s'entre-croisent.

Nous admirons les travaux considérables exécutés par nos fantassins. Les abris-métro sont particulièrement remarquables : leur voûte métallique rappelle, en effet, celle du chemin de fer métropolitain. Un mortier de tranchée attire notre attention, et les artilleurs-crapouillots nous en font admirer la puissance. Plus loin, c'est un petit Decauville à rails de bois, qui sert à transporter les matériaux. Çà et là, des hommes, au repos, dorment ou mangent. On échange quelques mots. Je rencontre un bon petit Limousin de Paris, dont l'entrain et la belle humeur font plaisir à voir. Chemin faisant, le commandant s'informe, renouvelle des instructions, regarde au périscope, fait des recommandations aux sentinelles :

— Ne restez pas toujours à la même place, surtout la nuit; il peut y avoir des fusils braqués.

Nous entrons dans l'abri d'un capitaine. Nous visitons la petite chapelle où les prêtres soldats peuvent célébrer pendant la nuit. Le long des tranchées, on ren-

NOUS SUIVONS DE NOMBREUSES TRANCHÉES QUI S'ENTRE-CROISENT

contre de nombreuses tombes. Ce sont les morts du premier hiver, qu'on ne pouvait pas encore ramener et inhumer en seconde ligne. En passant, nous récitons une prière pour eux. Mais la nuit approche. Il faut revenir à Oostduinkerque pour la réunion du soir.

Avant de partir, nous lisons chez le commandant le communiqué de 15 heures, transmis par T. S. F. Vraiment, aux premières lignes, on ne se refuse rien !

Le Trappiste du téléphone. — C'était un bon menuisier de Paris. Après la mort de sa femme, il entra à la Grande Trappe. Réserviste du génie, il est employé au téléphone du capitaine : cinq jours aux tranchées, cinq jours au cantonnement. Je lui dis en riant :

— Mon P. F..., c'est une singulière ironie qu'a eue le démon de la guerre de vous condamner à parler toute la journée au bout d'un fil, vous, le Trappiste, l'homme du silence !

— Que voulez-vous, Monsieur l'Aumônier, on peut servir le bon Dieu partout. Et c'est encore le diable qui est attrapé, car, entre deux conversations, j'égrène pas mal d'*Ave Maria*.

Au cantonnement, le bon P. F... est le premier rendu à l'église. Il sert trois ou quatre Messes, range les chaises, distribue les cantiques, rend service à tout le monde. C'est un des piliers du Tiers-Ordre. Il surveille la vente du *Pèlerin*, cherche des dépositaires pour la Bonne Presse, lave le linge de ses camarades, médite sur sa règle et envoie son « prêt » à son supérieur.

— Mon P. F..., n'avez-vous besoin de rien ? Il me semble que vous êtes fatigué. Votre dos se voûte.

— Monsieur l'Aumônier, c'est de naissance. Je n'ai jamais été si bien nourri et vraiment on ne fatigue pas trop..... Je vais vous amener un camarade qui est bien disposé; je crois que vous pourrez le confesser.

Il m'amena un jour un brave plombier angevin qui voulait bien s'instruire de sa religion et « refaire sa première Communion » qu'il n'avait pas assez préparée..... Je n'oublierai jamais le clair regard ni le sourire du bon P. F... Les saints doivent sourire ainsi.

LE COMMANDANT FAIT DES RECOMMANDATIONS AUX SENTINELLES

Une visite aux aviateurs. — Je suis allé les voir avec le jeune aide-major qui les soigne. Leur camp est installé dans une vieille ferme flamande du xviie siècle, qui fut une abbaye de Bernardins. Ses clochetons ont encore belle mine, et, au grand porche d'entrée, un épais rideau de lierre se drape comme un manteau jeté négligemment sur l'épaule. Dans la cour, auprès du vivier, on reconnaît l'ancienne chapelle aux contreforts puissants. Ses ogives sont aveuglées par des murs de briques. Elle sert de grange. La chapelle actuelle est une petite salle, où le major passe chaque matin la visite, et qui sert le dimanche au culte. Un drapeau belge et un drapeau français en sont les plus beaux ornements. Un prêtre belge y vient dire la Messe.

A côté, la popote des sous-officiers. On y devine la belle humeur des convives. Sur les murs, des *citations* fantaisistes « à l'ordre de l'escadrille ou de la popote » :

La chienne Top, entièrement dégagée de toute obligation militaire, à raison de son âge et de son sexe, a néanmoins tenu à suivre son chef, lors du départ de celui-ci pour le front. A vaillamment défendu l'escadrille lors de divers bombardements nocturnes par avions. N'a pas craint d'attaquer, au péril de sa vie, une troupe de vaches lancée par l'ennemi pour détruire les avions, épargnant ainsi à son chef 3^m,5o de paperasses, 45 états et pas mal d'erreurs.

Le caporal photographe P..., ayant aperçu un cheval belge en liberté, s'est précipité résolument, muni de ses manchettes, et a réussi à le maintenir par la bride, alors que la bête, à la vue d'un photographe, venait de s'arrêter elle-même, etc.

Nous passons de là au terrain d'aviation. Sur la verte pelouse, des appareils atterrissent avec la légèreté d'oiseaux qui se posent. D'autres prennent leur vol. Un aimable lieutenant nous fait admirer moteurs, hélices, suspension des bombes, etc. Nous visitons les hangars et l'armurerie où sont des modèles variés de mitrailleuses et de mousquetons, des magasins à fléchettes, des disques et des demi-disques de cartouches. Une sorte de machine à coudre place automatiquement les cartouches dans les bandes de toile. Un filet protecteur les recueillera après le tir.

— C'est que, nous dit le lieutenant, il faut faire grande attention à ne rien laisser tomber quand on est en avion. Le moindre objet, ne serait-ce que le mouchoir de l'aviateur, pourrait arrêter l'hélice.

Mais je crois que l'atelier de photographie nous a encore plus intéressés que tout le reste. Il y a un petit sergent, étudiant en Sorbonne, qui se passionne pour ses clichés et ses collections. Songez qu'on arrive à reconstituer exactement les positions ennemies dans leurs moindres détails. La photographie permet de situer un petit pont de bois, un trou d'obus, un réseau de fils de fer. Toutes les vues sont collées sur des albums avec indication de l'altitude où opéra l'observateur et de la date de son cliché. On arrive à savoir que la baraque de ce cantonnement boche loge des officiers : il y a devant la porte un parterre dont les fleurs dessinent une croix de fer avec palmes. Dans cet hôpital, règne vraisemblablement une épidémie, car de telle date à telle autre, des tombes plus nombreuses y ont été creusées. Des vues stéréoscopiques révèlent encore mieux le relief des objets. On construit même, d'après

les photographies, de véritables maquettes en carton et en plâtre.

Le jeune officier qui nous guide est un Lillois. Il nous dit avec quelle émotion il est allé récemment survoler sa ville natale. Je lui promets de lui envoyer l'émouvant article du *Correspondant*, sur « la ville envahie ».

Lady Dorothy. — C'est une jeune Anglaise catholique, fille d'un lord. Tandis que ses frères se battent dans la « royal navy » ou sur le front de la Somme, elle n'a pas voulu rester inactive. Le travail des ambulances ne suffisait même pas à son zèle. Elle a voulu relever et transporter les blessés. On l'a vue venir dès le début de la guerre sur son automobile qu'elle conduit elle-même avec l'assurance d'un vieux chauffeur. Un respectable gentleman, qui est docteur en médecine, lui sert de chaperon. Elle couche à Furnes, mais passe ses journées dans une petite maison roulante à la sortie d'Oostduinkerque-ville. C'est de là qu'elle part vers midi pour aller à Nieuport-ville offrir ses services et transporter quelque blessé à La Panne ou à Zuydcoote. On admire sa jeunesse, son entrain, son courage. Il n'est aucun tir de barrage qui l'arrête. Sur le pont de Dixmude, quand les plus braves hésitaient, elle passait sans peur. Par reconnaissance, les fusiliers marins ont donné son nom à leur poste de secours, et le gouvernement français a épinglé à son corsage la croix de guerre. Toutes les consignes se taisent quand paraît la vaillante petite Anglaise, suivie de son chien « Charlie », qu'elle perd quelquefois dans ses randonnées.

Visite pastorale. — Ce matin-là, je chaussai mes bons « godillots » et pris mon bâton, en vue d'une longue marche. Visite aux artilleurs. D'abord au bon P. L..., qui est l'aumônier d'un groupe. Il me reçoit dans sa chambrette-abri, recouverte de mottes d'herbe pour dépister les avions boches. Nous allons ensemble saluer un autre groupe, celui de l' « ermite de 304 », qui est, par malheur, absent. Belle cagna, bien abritée contre une colline de sable. Sur la porte du commandant un dessin fait par ses hommes « Honneur aux braves » et un petit fanion du Sacré-Cœur.

Le P. L... me quitte et je poursuis ma

route. Un salut aux amis de Nieuport-bains, et par les boyaux des caves je me dirige sur Beacon, en suivant l'Yser, derrière la voie du chemin de fer dont le talus est une bonne protection. Ce petit coin est charmant, égayé par de fraîches verdures. Je rencontre l'abbé B... et son ami, l'aspirant C..., qui discutent philosophie. Un peu plus loin, sont les territoriaux et le génie. On reconnaît les abris plus confortables d'hommes habitués à travailler la pierre et le bois. Le bon Trappiste téléphoniste me fait les honneurs de sa cabine. Je remarque en souriant les plaisanteries faciles qui font toujours la joie des Français. Les abris portent des noms, comme les villas d'une ville d'eaux ou de bains de mer, et ces noms réalisent d'affreux calembours. Il y a l'abri-cole, l'abri-cotier, etc. La coopérative a pour enseigne un rébus qui signifie : « Au véritable vin sans eau. » Comme on est près de la gare, on en a utilisé tous les débris, jusqu'aux portes des chalets de nécessité, avec leurs inscriptions « dames » et « hommes ». Un loustic a fixé sur la paroi d'un boyau la plaque de tôle émaillée : « Il est dangereux de se pencher au dehors ». Une autre inscription rappelle que « la pêche est interdite ». Cependant des poilus prennent en abondance limandes, plies et moules, qu'ils consomment entre amis ou vendent à des camarades plus fortunés.

Voici une rame de wagons qui est sans doute immobilisée depuis la « course à la mer ». Elle complète la défense de la position et semble avoir pris racine, car des végétations variées croissent sur ses débris.

Il faut passer au milieu de ferrements rouillés, parmi des tas de briques, le long de boyaux étroits, pour aboutir à la rue de Nieuport-ville qui conduit chez le colonel D...

Le colonel, aujourd'hui, n'a pas son habituelle bonne humeur. Il gourmande son popotier et son cuistot ; il se plaint du menu : « C'est un déjeuner d'enfants de troupe! Tu nous fais des portions d'enfant de troupe! » Mais ce ne sont pas des questions culinaires qui l'ont assombri. Une

VISITE AUX TRANCHÉES

LES FAMEUSES ÉCLUSES GRACE AUXQUELLES ON PEUT INONDER LA PLAINE

triste nouvelle lui est venue de Lorraine : la mort de son ancien capitaine-adjoint, le brave Garnache (1). Nous évoquons le souvenir de l'admirable officier, les causeries, au Mont des Allieux, à Bethelainville, à Haucourt, sur les campagnes d'Afrique, l'organisation des Cercles, la pacification des tribus.

(Supprimé par la Censure.)

Par bonheur, l'abbé A..., aumônier des fusiliers marins, que le colonel a invité avec moi, fait diversion, en nous racontant la délivrance de Reims où il fut otage des Boches.

Visite aux tranchées avec le colonel et deux commandants d'artillerie. Ce n'est pas dans la direction des postes de la « Vache crevée » et de la « Maison crénelée » que je voyais naguère avec les majors. Nous allons vers Neuvendamme, dont les Boches occupent le vieux fort. Le commandant V... nous fait les honneurs de son secteur. Nous avons franchi un bras de l'Yser et nous sommes sur les bords du canal. La tranchée est ourlée d'herbes hautes.

Je laisse les officiers discuter l'aménagement de nouveaux abris, la disposition meilleure des sacs à terre et des « cages à poules », le danger respectif des torpilles, des « braseros » et des « pots de choucroute » envoyés par l'ennemi, et je vais causer avec les hommes. Mais le colonel, lui aussi, les interpelle. C'est son habitude de chef cordial et bienveillant.

Un jour, en Lorraine, il avisa un territorial propre, bien tenu, de bonne mine :

— Ah! voilà un chic soldat! Comment t'appelles-tu?

— Thureau-Dangin, mon colonel.

— Parent de l'académicien?

— Son fils, mon colonel.

— Eh bien, j'ai l'habitude de tutoyer tous mes soldats. Tu serais l'académicien lui-même que je te tutoierais.

— Mais, mon colonel, vous m'honorez.

Sur l'Yser, il y a d'autres dialogues pittoresques. Voici un petit engagé volontaire, une jolie frimousse d'adolescent, qui est de garde aux créneaux.

— As-tu vu des Boches?

— Pas encore, mon colonel.

Une balle passe en sifflant sur nos têtes.

— Tiens! Ils tirent sur nous. F...-leur un coup de fusil.

— Oh! mon colonel, il faut ménager les munitions.

Nous rencontrons un brave poilu décoré de la croix de guerre.

— Où as-tu gagné ça?

— Ici, mon colonel. Voulez-vous voir ma citation?

Et il tire de sa poche un portefeuille bourré de papiers qu'il présente avec simplicité.

— Ah! mais, il y a des lettres de ta femme; je ne veux pas les lire!

— Oh! mon colonel, ça n'y fait pas rien!

Nous revenons par les ponts qui commandent les fameuses écluses grâce auxquelles on peut inonder la plaine. Des soldats du génie manœuvrent de grosses pièces de bois. Ils ont, sans doute, été aperçus, car les Boches tirent un fusant qui éclate au-dessus de nous. Quelques hommes de corvée rentrent prudemment dans leurs caves.

— Eh bien! les territoriaux, s'écrie en riant le colonel. Ce n'est pas de la ..... mélasse qui tombe!

— Ah! mon colonel, c'est bien pire!

Départs. — J'ai perdu Caillol, mon fidèle ordonnance. Son âge lui donnait droit à la relève. Il hésita quelque peu, regrettant de quitter de bons amis et « M. l'Aumônier qui le traitait comme un frère ». Mais « la femme et la petite se languissaient » de le savoir un peu plus à l'arrière. Il est parti pour la réserve du personnel, puis a été affecté à un train sanitaire. Les adieux ont été touchants. On s'est promis de s'écrire. Tout le monde regrette ce brave, joyeux et obligeant garçon. En signe d'affec-

LE Dʳ B... EST FAIT OFFICIER DE LA LÉGION D'HONNEUR

tueuse estime M. le principal lui « a touché la main ».

Nous avons perdu aussi notre médecin principal, le bon Dʳ B..., que nous suivions depuis le commencement de la campagne. Sa bravoure, sa bonté pour les blessés, la haute conscience de ses devoirs, la noblesse de son caractère faisaient de lui un chef incomparable. Il nous quitte pour aller diriger un hôpital d'évacuation, où son esprit d'organisation et son habileté chirurgicale rendront de précieux services. Nous avions eu la joie de lui voir donner, le 26 mai, la rosette d'officier de la Légion d'honneur, avec une citation qui rappelait ses beaux services:

Officier du plus grand mérite et organisateur

remarquable. Sous sa direction, le service de santé de la division n'a cessé de fonctionner d'une façon parfaite, même dans les circonstances les plus difficiles de la première partie de la campagne. A su inspirer à tout le personnel médical sous ses ordres son zèle, son activité, son initiative.

Quelques mots de soldats. — « Ah! Monsieur l'Aumônier, quand ma section est sortie de la tranchée, le fourrier, qui est curé comme vous, était là, debout. Il nous disait du latin, comme à la Messe, et nous bénissait. On était content, on se sentait plus courageux. »

« Monsieur l'Aumônier, j'ai copié mes prières sur un petit carnet que j'ai toujours dans ma poche. Je les lis doucement et ça me fait du bien. »

« Monsieur l'Aumônier, voulez-vous me bénir ma croix de guerre. Il me semble que si elle est bénite, elle sera meilleure. Je suis Vendéen, des Essarts, et d'une famille de bons chrétiens. »

« J'ai pris ma permission en Algérie, me dit le capitaine du génie. Mes enfants ont réuni leurs petites économies pour m'acheter un chapelet d'argent, me demandant de le réciter pendant la traversée pour éviter le danger des sous-marins. Je n'y ai pas manqué, et maintenant je continue à prier tous les jours pour eux. »

L'autre jour, un de nos prêtres soldats priait dans l'église de Coxyde, quand il vit venir vers lui un quartier-maître des fusiliers marins.

— Tu ne sais pas si l'aumônier est là?

— Non, il n'est pas ici en ce moment, mais si tu veux, je vais te conduire auprès de lui.

— C'est cela. Tu comprends, le drapeau vient demain. Il y aura peut-être une attaque. Je veux être propre.

Chez l'aumônier, confession sérieuse. Causerie prolongée.

— Monsieur l'Aumônier, donnez-moi un souvenir pour ma femme.

— Tiens, veux-tu ce petit fanion avec le Sacré-Cœur brodé?

— Oui, mais vous allez écrire sur le blanc la date et que c'est le souvenir de ma confession.

En sortant, le marin rencontre son guide :

— Merci, mon vieux, je suis content, oh! mais content! Maintenant, je m'en vais au cimetière.

— Et pourquoi?

— Ah! il y a la tombe de mon lieutenant qui fut tué à Dixmude. Je vais lui jurer que je serai fidèle à tout ce que l'aumônier m'a demandé.

Les fusiliers marins. — J'ai vu souvent leur aumônier, l'abbé A... Plusieurs fois, j'ai causé avec le capitaine de frégate. J'ai visité ou reçu le lieutenant de G.-B. et deux enseignes qui sont prêtres. Leur conversation m'intéressait beaucoup. La marine a sa vie à part. Elle ne fraye pas beaucoup avec les « guerriers », comme elle appelle tout ce qui dépend du ministère de la rue Saint-Dominique. Elle garde à terre ses habitudes et son langage de bord, tout en usant largement du cheval et de l'automobile. Je vois quelles merveilles peut réaliser l'esprit de corps. Les fusiliers marins vivent du souvenir de Dixmude. Ils se sentent obligés d'être héroïques. Ils le sont par définition.

Leur uniforme n'a-t-il pas déjà sa légende sublime? Quand on est une « demoiselle au pompon rouge », on se doit de ne rien craindre, de savoir braver la mort dix fois, d'être prêt à tout, ou, selon l'expression de la marine, d'être « paré ».

Ces admirables marins, s'ils dépassent en bravoure la moyenne des « guerriers », ne leur cèdent en rien pour l'amour du « pinard ».

« Mais, me disait le commandant L... en me parlant de ses hommes, ce goût prononcé pour la dive bouteille n'offre point d'inconvénients. Le vin ne les incommode pas ni ne leur fait perdre le nord. Ces gaillards-là portent bien la toile! »

Je souriais en m'imaginant une goélette bien construite, bien balancée, à qui l'on peut laisser impunément toutes voiles dehors. Et je lui comparais nos bons marins, marchant tout de même sans trop de roulis, après leurs libations.

Que d'anecdotes amusantes nous contait avec verve l'aimable capitaine de frégate, sur ses hommes, sur la vie de bord si étrangement modifiée depuis la guerre, mais dont on conserve à terre les usages comme la langue pittoresque.

Beaucoup de personnages militaires se trouvaient alors en libre Belgique : officiers de liaison des diverses armées, chefs de missions, comme le prince de Teck qu'on

LES FUSILIERS MARINS TRAVERSANT L'ESPLANADE DES INVALIDES

voyait souvent passer sur les routes, montant de magnifiques chevaux. Il est, nous disait le commandant, l'homme le plus simple et le plus gai du royaume-Uni, très épris d'*humour* et de *fun*.

Un jour, on lui présente un officier français. Celui-ci ne fait pas grande attention au titre et prend son interlocuteur pour un simple général de l'armée britannique.

— Aoh! dit le prince de Teck, qui parle d'ailleurs assez péniblement le français, ce qui est bon ici, c'est la guerre, vous savez....., on peut vivre son petite vie à sa guise, on n'est pas ennuyé avec les réceptions.....

— Ah! dit l'autre, vous receviez beaucoup?

— Nô! Pas moi, mais mon sœur, à la cour.

— Madame votre sœur est très mondaine? Elle est peut-être dame d'honneur?

— Nô! dit le prince, en éclatant d'un bon rire joyeux, nô, elle est pas dame d'honneur, elle est la reine!

Les fêtes nationales. — Le 14 juillet fut calme. Nous célébrâmes une Messe solennelle pour la France à Oostduinkerquebains. Le cher abbé van Parys y parla avec émotion du drapeau. A La Panne, par une attention délicate, toutes les petites tables des blessés avaient été fleuries de bouquets tricolores.

La fête nationale des Belges est fixée au 21 juillet. J'assistai au *Te Deum* dans l'église paroissiale de La Panne. Beaucoup d'officiers. A la fin de la cérémonie, une belle voix chanta la Brabançonne.

Dans l'après-midi, une dame belge avait organisé autour de sa villa « Rayon de Soleil » une réunion des enfants des écoles. On chanta, en français et en flamand. On déclama des poésies en l'honneur de Verdun et d'Albert Ier. Le colonel Carnot, qui présidait, prononça une petite allocution pour célébrer l'alliance et l'amitié fraternelle de la Belgique et de la France. Et tout se termina par une distribution de gâteaux.

Confirmation à Coxyde pour les enfants de la région. Elle est donnée par le doyen d'Ypres, délégué apostolique. Nous allons le saluer; il nous dit avec émotion son admiration pour la France et pour l'armée de Verdun.

Une méprise. — Un jour, l'officier d'administration J..., qui est chargé de l'état civil et des carnets de champ de bataille, nous annonça qu'il avait découvert deux nouvelles tombes anglaises dans le bois Triangulaire. L'inscription l'étonnait un peu. Elle portait les noms de *Jenny* e.

Nutty et l'indication du *Royal Telephonic exchange*. Etaient-ce des infirmières, des nurses anglaises, qui avaient succombé dans un bombardement en portant secours aux blessés? Le consciencieux officier adressa au ministère de la Guerre un rapport détaillé, donna un croquis des sépultures et demanda des instructions pour leur entretien ou leur transfert.

Tandis que le rapport, suivant la voie hiérarchique, cheminait doucement vers Paris, une enquête un peu plus serrée nous apprit que *Jenny* et *Nutty* étaient une chienne et une chatte auxquelles les téléphonistes anglais tenaient tellement qu'ils avaient voulu leur donner un honorable tombeau.

On en rit longtemps à la popote, où quelque malin reprenait souvent l'histoire.

— Au bois Triangulaire, n'est-ce pas, Jenny et Nutty, du Royal Telephonic exchange....

LA FÊTE DES ENFANTS BELGES A LA VILLA RAYON DE SOLEIL

Une lettre de poilu.

On a publié beaucoup de lettres de soldats. J'en veux ajouter une à la collection. Elle est authentique et reflète bien, dans sa note pittoresque, l'état d'âme de nos soldats à l'automne de 1914. Le brave D..., maçon de Marseille, est toujours avec nous, toujours caporal : pas une égratignure, pas un jour de maladie. Voici donc en quels termes il écrivait à ses parents et à une amie de sa famille :

Le 21 novembre 1914.

Cher père, chère mère,
cher frère, chère sœur, Mme R...

Hier, je vous ai envoyé une carte pour vous dire que j'étais passé caporal, et je suis content, et je suis été cité à l'ordre du jour par le général et mon colonel. Voilà ce que j'ai fait : un acte de courage et de bon Français.

Nous étions, comme je vous l'ai écrit, aux tranchées, en première ligne, et j'étais sentinelle, à 20 mètres en avant de la tranchée. A 11 heures du soir, le 18 novembre, il y a trois jours, j'entends venir dans la broussaille quelque chose qui marchait doucement. Je crie de suite : « Halte-là! Qui vive? ou je fais feu. » Et je n'ai pas eu le temps de finir de dire ça que pin! pin! et alors, j'ai des balles, et je me replie de suite dans la tranchée, et là, on se met tous à tirer. Et comme il y a ici rien que des hommes de quarante ans et passés, quand ils ont entendu cette attaque, il y en a qui criaient : « Aï! Aï! Aï! Nous sommes perdus! » Et les obus tombaient comme la pluie, et les balles..... Je sors ma baïonnette et je crie :

— Tas de s....., de crapules, vous avez pas honte! Des hommes de quarante ans, de pas tirer et de vous coucher dans la terre. Tirez, tirez, ou je vous traverse!

Et tous, de me voir comme ça, ils se sont mis debout et ils ont fait feu. Et je criais : « Feu! Feu! » Et heureusement de moi que les Allemands ne sont pas venus sur nos tranchées; autrement, ils venaient nous tuer tous dans la tranchée. Puis il y en a quelques-uns des nôtres qui ont sorti de la tranchée; et si c'est pas moi, les autres les auraient suivis, et la tranchée, elle aurait été abandonnée et occupée par les Alboches.

Je crie : « Ne partez pas! Tire! Feu! Feu! Et le premier qui abandonne, je le brûle! » Car il y avait plus à gagner de rester que de partir, parce que, en partant dans la nuit et avec les obus qui tombaient de partout et toutes les balles qui passaient, c'était presque sûr qu'une balle ou un éclat d'obus nous attrape, et, en restant, on risque rien; seulement, il faut pas les laisser venir sur la tranchée comme c'est arrivé, il y a pas longtemps. Et tous ces hommes de quarante ans, eux, en place de tirer, ils s'étaient mis la tête dans la terre et personne avait le courage de tirer. Ils se pensaient que ça s'arrêterait et que les Allemands viendraient pas sur les tranchées.

Quand j'ai vu ça, vous pouvez croire que j'ai eu du courage et que j'ai sauvé toute la compagnie, car les Allemands, quand ils ont vu un feu bien nourri comme ça, ils ont été repoussés, et ça s'est arrêté à minuit et demi. Alors on a vu, à 10 mètres de la tranchée, quelques hommes qui avaient voulu sortir pour se sauver et qui étaient morts.

— Eh bien! voilà ce qui nous serait arrivé, que je leur dis, si je vous avais pas retenus.

— Bravo! D..., tu es un homme!

Et le sergent m'a touché la main et le capitaine m'a félicité; puis, hier matin, il m'a mené devant le commandant, et le commandant m'a félicité. Puis, le colonel qui est venu à 10 heures, pour voir le résultat de l'attaque, accompagné du commandant; il a dit :

— Allez me chercher ce Français, ce brave!

On me crie et je me présente, et il me dit en me frappant sur l'épaule :

— Vous avez fait un acte de courage pour vos camarades et pour le régiment. Je vous cite à l'ordre du jour! -

Et il se tourne vers mon capitaine et il lui dit :

— Vous avez un brave et courageux.....

Et moi, je me suis mis à pleurer et j'ai salué, puis je me suis retiré. Et je suis fier d'avoir devant tous, d'avoir fait ce que j'ai fait. Aussi, le soir on nous a relevés, et hier matin, le capitaine m'a dit :

— Je vous donne une escouade. Vous serez caporal et je compte sur votre bon courage, et dans peu de temps vous serez sergent.

Coquin de sort! Ça me fait trop plaisir, car je suis exempt de corvées. Plus de garde à prendre, plus sentinelle, et quand je serai sergent, il y a toujours quelque chose à gratter. Et puis, je serai pas em..... comme les hommes; et maintenant, je touche quatre sous par jour et 8 francs quand je serai sergent. Ça, je pense que vous le verrez sur le journal ou bien sur celui-là de l'armée. Vous voyez que je suis pas tant peureux que ce que vous me croyez. C'est que je commence à en avoir vu ici, depuis bientôt quatre mois, et les balles et les obus. J'ai l'œil et le bon. Je voudrais vous expliquer mieux et à vive voix, mais à mon retour, je vous en dirai des choses, et je me languis de retourner pour vous raconter tout ce que j'ai passé. Mais je me fais pas du mauvais sang, au contraire. Quand je retournerai, je serai fier d'avoir vu tout ça.

J'ai reçu la lettre de Michel, puis celle de Madeleine. Voilà ce que je voulais et je suis content. Remplissez toujours les lettres comme ça. Oh! cette maman, d'être comme ça! Tu avais pas besoin de te faire du mauvais sang quand tu as vu qu'ils voulaient pas le saucisson. Ça y faisait rien que je le reçoive pas. Enfin, tu es trop bonne. Je l'ai pas reçu encore, le quatrième, et du troisième j'ai encore un peu de chocolat. Je me suis régalé de manger tout ça, et j'attends le quatrième avec de la salive sur les lèvres. Mais le saucisson, je l'ai entendu dire que c'était défendu. Enfin, ça ne fait rien, il arrivera par la poste.

Je suis en bonne santé. Sitôt que je recevrai le quatrième, je vous le dirai et celui de l'oncle aussi. Cette brave Mme R...! Tu me dis qu'elle m'a envoyé un paquet de pastilles et un de biscuits? Je me languis de le défaire, pour voir tout ça et les mastiquer. Vive cette brave Mme R...! Quand je reviendrai, Mme R..., je vous chantera cette jolie chanson : Je suis content! Vous verrez qu'elle vous fera rire.

Envoyez, Michel, toujours de longues lettres, que ça me fait rire.

Ne vous inquiétez pas de moi, et recevez un milliard de caresses à tous.   D...

XXI — LA DÉCORATION DU DRAPEAU

Un nouveau régiment venait d'être affecté à notre division pour combler ses pertes. Il nous arrivait, précédé d'un renom de bravoure. On savait qu'il avait combattu à Verdun et soutenu, au bois des Caures, les chasseurs de Driant. Nous avions tous lu l'ordre général signé Pétain :

Le général commandant la 11e armée cite à l'ordre de l'armée le ...^e régiment d'infanterie. Admirablement entraîné par son chef, le colonel Vaulet, tué glorieusement, a résisté, au prix de pertes énormes, pendant trois jours, au bombardement le plus violent et aux attaques d'un ennemi très supérieur en nombre; a sans cesse contre-attaqué dans un esprit de sacrifice absolu.

Pareille citation constitue des lettres de noblesse pour le Corps tout entier. C'était donc le drapeau du régiment qui devait recevoir la croix de guerre. La décoration n'avait pu se faire pendant que nous étions sur le « front de mer », au demi-repos. Nous l'attendions avec impatience depuis notre arrivée aux nouvelles positions.

Le matin du 29 avril, dans un de nos cantonnements, je vis « sortir le drapeau ». C'est une cérémonie dont j'aime le rite simple et noble. Une compagnie se range, avec la « clique », devant la maison ou la baraque occupée par le colonel. Le porte-drapeau y pénètre avec la garde qui a mis baïonnette au canon. « Garde à vous! » Quand il reparaît sur le seuil et s'y arrête, offrant aux hommages de la troupe le glorieux emblème déployé, le capitaine fait présenter les armes et, levant haut le sabre, commande : « Au drapeau! » Clairons et tambours sonnent et battent l'air traditionnel, suivi, si la musique est là, d'une mesure de la *Marseillaise*.

Alors, tous les hommes qui se trouvent dans le village ou dans le camp, même occupés aux corvées, se dressent dans l'attitude du respect, talons joints et la main au front. Ce n'est pas seulement où il passe que le drapeau est salué, c'est partout où arrivent les notes de la sonnerie joyeuse et martiale annonçant qu'il est déployé, qu'il va « sortir ».

Vous devinez combien ce salut émeut davantage quand on est si près de l'ennemi et qu'on entend l'éclatement des obus qui « arrivent » ou les « départs » énergiques de nos 75.

Comme les petits écoliers et les vieux retraités de nos villes de garnison, je suivis le drapeau et la musique, devinant bien qu'ils allaient à une revue, à la grande revue annoncée.

Le terrain choisi était au milieu des dunes. Imaginez une vaste plaine couverte de sable fin. Tantôt il s'étale en nappes que le vent ride comme des flots. Tantôt il s'amoncelle en petits monticules. Çà et là, quelques plaques vertes indiquent une pauvre végétation qui cherche à s'établir, mais qui demeure anémique, rabougrie. De loin en loin — tels de gros coquelicots, — les toits rouges des villas qui commençaient à peupler ce petit coin de terre quand la guerre est venue. A l'horizon, un moulin à vent gesticule; deux petites chapelles dressent leurs pignons surmontés de la croix.

La plaine est traversée dans sa longueur par les rails d'un tramway qui décrit une courbe pour se diriger vers la ville voisine, — la ville où le roi-chevalier a établi son quartier général et où la petite reine, simple et vaillante, panse les blessés. Cette large

LA DÉCORATION DU DRAPEAU

bande sablée, qui longe la ligne, est déjà occupée par les troupes. Elles prennent position à mesure qu'elles arrivent. Je m'installe dans la villa du « Conseil de guerre », non loin de celle du « Trésor et Postes », — chacun de nos services a ainsi son « hôtel particulier ». C'est une bonne tribune pour jouir du spectacle qui se prépare.

Voici, en commençant par la gauche, les sapeurs, puis la musique, les artilleurs à pied, les fusiliers marins, l'infanterie, les zouaves, la cavalerie à pied. Toute la division est représentée. Chaque régiment a envoyé une compagnie avec son drapeau. Seul, le régiment cité à l'ordre a fourni tout un bataillon, le deuxième, commandé par le plus ancien de ses officiers, un vieux brave de belle allure. Je compte huit drapeaux : ils sont venus comme des frères d'armes, comme des témoins d'honneur, escorter et glorifier celui qui va être décoré. En attendant, ils claquent joyeusement à la brise de mer. Je reconnais les couleurs ternies de l'un d'eux et la grande déchirure que lui fit un shrapnell à Coincourt.

Garde à vous! Le général de division, commandant le groupement, arrive. Il monte un beau cheval qui soulève, en piaffant, des nuages de poussière. Brillante et nombreuse escorte : le général anglais, prince de Teck, membre de la famille royale ; les colonels commandant les brigades ; les états-majors. La *Marseillaise* éclate. Le cortège caracole dans le sable, suivant le général qui passe la revue. Nous voyons, sur tout le front, si loin que peuvent porter nos yeux, les drapeaux s'incliner devant lui, les commandants de compagnies saluer du sabre, les hommes présenter les armes.

Voici le moment solennel. Le général a mis pied à terre et se place vers le centre du terrain de manœuvre. Les officiers supérieurs se groupent derrière lui, puis la foule — pas de revue sans foule : celle-ci est composée de quelques officiers des services, de soldats et marins sans armes, de femmes et d'enfants du village voisin. Un bon curé belge qui passait, la pipe en mains, s'est arrêté. Un gendarme belge est là aussi, le fusil à la bretelle. Une bonne Sœur. Il ne manque que le petit pâtissier et le télégraphiste traditionnels.

Sur un signe, la musique s'est approchée et aussi les huit drapeaux, avec leurs gardes, qui se rangent en ligne. Le général appelle, comme une personne vivante, comme le lauréat d'une distribution des

prix : « Le drapeau du …• d'infanterie! »
On le voit quitter le front de son bataillon
et s'avancer lentement, avec sa garde, à
travers la dune. Il se place en avant des
autres; il s'incline vers le chef. — « Ouvrez
le ban! » Et le général épingle la croix de
guerre dans la soie bleue, près de la hampe.
Puis il recule de quelques pas, et, d'un
grand geste du sabre, il salue le drapeau
décoré.

Alors retentissent les commandements.
Ils se répondent comme des échos, larges
et solennels chez le général, plus brefs,
plus impérieux dans la bouche du colonel
qui présentait les troupes et des commandants d'unités :

— Faites présenter les armes !
— Présentez vos armes !
— Présentez….. armes !

Sabres, mousquetons, fusils, baïonnettes
se dressent et s'immobilisent comme une
haie d'acier. C'est le salut des armes,
silencieux, solennel, impressionnant. C'est
l'hommage des braves à une bravoure plus
grande. C'est le témoignage d'admiration
et de reconnaissance aux glorieux morts de
Verdun.

Après le drapeau, quatre officiers ou
adjudants sont décorés. L'un d'eux, déjà
cité une autre fois, ne reçoit que la palme
à joindre à la croix de guerre qu'il porte.

Maintenant, c'est le défilé.

Les troupes font un « à gauche » rapide
et gagnent du champ, puis exécutent une
volte-face impeccable.

— Pour défiler ! Arme sur l'épaule!

A ce moment, les baïonnettes sont frap-
pées par le soleil sous un angle sans doute
favorable et étincellent de mille feux. C'est
un véritable flamboiement. La courbe du
terrain augmente encore l'effet produit et
la perspective ferait croire qu'il y a là toute
une armée.

Un roulement de tambour, puis la marche
de *Sambre et Meuse*, et la colonne s'avance.
Le pas est bien rythmé, malgré la difficulté
que présente le sol sablonneux. Toutes les
compagnies défilent avec ensemble, mais
les fusiliers marins et les zouaves, plus
homogènes, sont les mieux alignés. Les
pompons rouges des bérets et les capotes
réséda semblent tirés au cordeau.

Les derniers cavaliers sont passés que
nous regardons encore, émus par ce beau
spectacle militaire. Quelqu'un dit, à côté
de moi :

— Il n'a manqué qu'un petit discours
bien enlevé. Le général aurait dû dire
quelques mots.

Je ne suis pas de cet avis. De rares assistants auraient en-
tendu les paroles du
chef. Combien je
trouve plus émou-
vants les simples dé-
tails que j'ai essayé de
raconter : ce général
casqué, botté, en
sobre et austère tenue
de campagne, descen-
dant de son cheval
pour décorer un dra-
peau et le saluant du
sabre, tandis que
sonnent les fanfares.
Le geste muet est plus
éloquent qu'un dis-
cours…..

LE DRAPEAU ET SA GARDE

Comme je revenais
au cantonnement, j'ai
rencontré des fusiliers
marins.

— Ah! mes amis,
je vous félicite. Vos

camarades ont rudement bien défilé. Mais, dites-moi, vous ne portez donc pas le casque? Je n'ai vu que des pompons rouges.

— Monsieur l'Aumônier, on a le casque dans les tranchées; mais pour une revue, vous comprenez, on aurait l'air de fantassins. Ainsi, l'autre jour, quand le père Joffre est venu, on avait dit au commandant qu'on aimerait mieux garder les bérets. Alors le commandant l'a dit au général qui a rigolé et qui a dit : « C'est des bons gars. Laissez-y leurs bérets. » Et quand le père Joffre les a vus, il a dit au général : « Tiens! ils n'ont pas le casque, vos marins? » Alors le général a raconté la chose et le père Joffre il a rigolé.....

J'avoue que j'ai fait comme le « père Joffre ».

XXII — LA « FAUVETTE » DANS LES TRANCHÉES

L'autre jour, le général R..., qui commande notre groupement, avait annoncé une prise d'armes pour remettre quelques croix de la Légion d'honneur. Notre médecin principal, le Dr B..., devait recevoir la rosette d'officier. La cérémonie se fit en la forme accoutumée sur la bande courbe qui traverse la dune et qui nous sert de terrain de manœuvres. Mais un incident gracieux devait en marquer la fin. Au moment où les troupes allaient s'ébranler pour le défilé, on vit poindre à l'horizon un cavalier et une amazone : le roi et la reine des Belges faisaient leur promenade à cheval. Notre général se porta aussitôt à leur rencontre et les invita à présider la dernière phase de la revue. Leurs Majestés acceptèrent avec empressement, présentèrent leurs félicitations aux nouveaux décorés et admirèrent la belle allure de nos hommes qui défilaient aux sons alternés de la *Brabançonne* et de nos hymnes guerriers.

Un murmure courait les rangs :

— Le roi et la reine! Ben, mon colon! Tiens, la « fauvette » nous regarde.

Nos poilus ont ainsi baptisé la reine à cause de sa grâce vive et de sa démarche ailée. Et vous devinez comme ils bombaient le torse, marquaient le pas et s'appliquaient à l'alignement.

La « fauvette » royale a voulu voir de plus près les braves soldats qui travaillent à reconquérir sa chère Belgique. Depuis longtemps elle demandait au général R... de lui faire visiter nos tranchées de première ligne. Le « patron » hésitait. Lourde responsabilité! Voyez-vous que les Boches procèdent, au cours de cette visite, à un « arrosage » intense! Il fallut que le roi lui-même intervînt :

— Mais, général, ma femme va bien dans les premières lignes belges. Pourquoi ne pourrait-elle pas parcourir vos tranchées avancées ?

L'expédition fut donc décidée en principe. Elle s'est faite ce matin, par le temps le plus favorable: une brume légère qui devait plus tard se résoudre en pluie, mais qui n'était, à l'aurore, qu'un voile discret et protecteur. On partit à 3 heures du matin, en automobile, jusqu'à la seconde ligne qui est marquée par les ruines d'une petite ville jadis prospère et animée. Pauvre petite ville! Pauvres maisons dont les toits et les murailles sont troués par les obus! Comme la rue principale est en vue de l'ennemi, on l'a coupée de barricades qui forment écran, et, par prudence, les passants doivent circuler de maison à maison, en traversant les cours dont les murs éventrés forment chicanes. Des villas élégantes, du casino somptueux, de la belle église, il ne reste que des murailles branlantes. Dans les caves, dans quelques rez-de-chaussée mieux conservés, sont établis des postes de secours, des services, des cuisines.

De là, il fallait suivre à pied le « boyau », un boyau très confortable d'ailleurs et fort bien entretenu, dallé de briques et fortifié, à chaque mètre, par des poutrelles de sapin, éclairé par de petits sabords ou par des lampes électriques.

Le roi portait son uniforme habituel, de couleur kaki. La reine était vêtue d'un costume tailleur de même nuance, protégé par un manteau de caoutchouc. Mais la « fauvette » ressemblait plutôt à Minerve ou à Bellone ; elle avait coiffé le casque belge, qui ne diffère de la « bourguignotte » française que par le lion héraldique dont il est timbré. Son fin profil prenait, sous la visière d'acier, une expression guerrière qui ajoutait encore à son charme.

Le général fit à ses visiteurs royaux les honneurs de leur frontière provisoire. On passa l'Yser sur le pont Joffre. On visita l'Eclusette. On alla jusqu'au poste d'écoute, là où il ne faut parler qu'à mi-voix pour n'être pas entendu par « ceux d'en face ». On salua la « première sentinelle de France » à son poste d'honneur et de péril. On examina les divers ouvrages de défense. On passa en revue des lignards et des marins.

Vous pouvez imaginer l'émoi joyeux de nos hommes, quand ils surent la présence, dans leur tranchée, du roi et surtout de la reine.

— Ah! c'est chic de venir nous voir comme ça !

LA REINE ET LE ROI DES BELGES

— Est-elle crâne, la petite reine !
— Tu parles qu'elle n'a pas volé sa croix de guerre !
— Mon vieux, quand j'écrirai ça à chez nous, ils ne voudront pas me croire !

Et de tous les abris sortaient des têtes curieuses.

— Allons, dit le général, rangez-vous un peu. La reine va vous photographier.

Le troupier français a son amour-propre ; il n'aime pas poser devant l'objectif

dans le simple appareil
D'un poilu que l'on vient d'arracher au sommeil.

Un caporal s'approcha et fit remarquer qu'on était « mal ficelé », les effets « en pagaye », de la paille dans les cheveux, les molletières détachées..... Si Sa Majesté voulait accorder quelques minutes pour rectifier la tenue et donner un coup de brosse.....

— Non, non, dit la reine en riant. Comme vous êtes! Ce sera plus « nature », plus pittoresque!

Et quand elle a fait jouer le déclic, un officier d'ordonnance passe dans les rangs, prend les adresses des familles et promet que chacune d'elles recevra une épreuve du cliché royal. Cette délicate attention ravit nos soldats. On aura, chez eux, leur portrait

et celui des camarades, et *tiré* par la reine!
Ah! il faudra qu'on l'encadre avec soin,
cette photographie-là, et qu'on lui donne
une place d'honneur!

Mais voici un audacieux qui ne doute
de rien. Il demande à la reine..... sa signa-
ture! Elle consent gaiement. Le général
bougonne un peu devant cette indiscrétion
naïve.

— As-tu au moins un stylo?

Personne n'a de stylo. Mais le poilu ne
se déconcerte point pour si peu. Il débou-
tonne sa veste et sort de la poche inté-
rieure un vieux cahier de deux sous, fripé
et sali par un long usage. Un crayon mal
taillé l'accompagne. La reine accepte de
bonne grâce cette papeterie un peu rudi-
mentaire. Elle signe, puis se tourne vers le
roi :

— Et toi aussi, dit-elle, il faut signer!

Le roi s'exécute, et l'heureux possesseur
du cahier replie précieusement la page où
Elisabeth et Albert ont inscrit leurs noms.

Je me suis demandé quelles pensées,
quelles émotions agitaient l'âme des sou-
verains belges pendant cette visite aux
tranchées françaises. Ils avaient voulu,
sans doute, rendre un hommage délicat
à la vaillante armée qui les défend et qui
les vengera, aux soldats qui montent une
garde vigilante à l'entrée de la libre Belgique, en attendant de pouvoir aider leurs
vaillants camarades flamands et wallons
à reconquérir la Belgique envahie. Mais je
crois deviner aussi, dans leur démarche,
le désir de se rapprocher le plus près possible, sur ce point du front, de leur peuple
martyr et de leur terre violée, comme on
se presse aux barreaux d'une prison pour
mieux voir et mieux consoler les captifs.

Leurs yeux se fixaient à l'Est et cher-
chaient à découvrir, à travers la brume,
des horizons familiers.

Le roi pensait à ses forteresses, à ses
nobles villes si actives, si industrieuses;
à ses fertiles campagnes, aux champs de
bataille où tombèrent tant de vaillants
soldats.

La reine devait revoir son entrée à
Bruxelles, par un beau jour d'automne, et
le palais qui abrita son jeune bonheur, et
les jardins où jouaient ses enfants, et les
foyers en deuil où tant de mères et d'épouses
pleurent ceux qui ne reviendront pas, et
les maisons souillées par la présence des
Barbares.....

Ils restèrent ainsi un moment silencieux.
Cependant, malgré le brouillard, ce jour
de mai s'éclairait un peu du côté de la
mer. La princesse, qui sait comprendre et
goûter les beaux spectacles de la nature,
regardait maintenant vers la plage où les
vagues venaient mourir doucement.

J'ai rencontré le général qui rentrait
chez lui.

— Les Boches ont été sages, m'a-t-il dit.
Pas un coup de fusil! Pas une torpille!
Mais, c'est égal, j'aime mieux que cette
promenade soit finie.

La « fauvette » était rentrée heureusement à son nid. Et dans les tranchées, en
parlant encore d'elle, on grillait de bonnes
petites cigarettes qu'elle avait fait distribuer.

XXIII — CHEZ UN CITOYEN D'YPRES

C'est à Coxyde. La jolie église ogivale,
entourée de son cimetière, est située à
l'extrémité du bourg, sur la route d'Oostduinkerque. De l'autre côté du chemin, un
champ de blé que traverse un étroit sentier
pavé. Suivez-le, et vous arrivez à la villa
Yser-Yperlée, qui s'appuie contre la dune
et qui se cache modestement derrière un
rideau de saules. C'est une construction
légère, un chalet de plage. La muraille qui
regarde au Nord-Est, vers le front, a été
trouée par un obus au niveau d'une fenêtre
et réparée tant bien que mal avec des
planches. L'escalier en est devenu un peu
obscur; il conduit au premier étage, où
sont cantonnés quelques officiers. Le maître
de la villa, M. Froidure, s'est réservé le
rez-de-chaussée, qu'il occupe avec sa femme

LES HALLES D'YPRES

et ses deux enfants, un adolescent et une jeune fille. Dans la cuisine, il a installé une petite sape en cas de bombardement nouveau. Le salon, qu'entoure un large balcon de bois, est un peu le cercle militaire de Coxyde. Des prêtres soldats ou un aumônier y célèbrent la Messe chaque matin. Le Tiers-Ordre y a ses réunions hebdomadaires, il y garde ses réserves de livres et de brochures, il y tire en polycopie son petit bulletin : *Tertiaires et combattants*, auquel M. Froidure veut bien collaborer.

M. Froidure est un citoyen d'Ypres. Publiciste, astronome, et surtout catholique fervent autant que généreux patriote et ami de la France, il est l'homme de toutes les délicatesses et de tous les dévouements. La guerre l'a durement éprouvé. Ses biens d'Ypres et d'Ostende sont aux mains de l'ennemi. La santé de sa femme a souffert des angoisses de l'invasion. Il a pu craindre, même à Coxyde, pour la sécurité de ses enfants. Mais sa patience et sa confiance sont demeurées entières. C'était plaisir de causer avec lui de sa

UNE ROSACE DES HALLES D'YPRES, ÉBRÉCHÉE PAR LES OBUS

chère patrie belge, et aussi de sa petite patrie, l'illustre cité d'Ypres, pour laquelle il nourrit un culte fervent.

— Vous ne pouvez pas comprendre la profondeur de nos regrets, me disait-il. Il faudrait pour cela avoir connu cette curieuse ville d'Ypres que nous aimions tant et dont nous étions si fiers d'être les fils. Elle n'était plus, avant la guerre, qu'une petite ville de 18 000 habitants, bien déchue de ses anciennes splendeurs. Mais elle avait conservé fort grand air, et dans la moindre de ses rues, nous respirions son beau passé. Savez-vous que ce calme petit chef-lieu

d'arrondissement comptait 200 000 âmes au xive siècle et s'affirmait la glorieuse métropole de la Flandre ? Bien avant Gand et Bruges, enrichie par les draps, Ypres possédait plus de 4 000 métiers, et les marchands de toute l'Europe y établissaient des comptoirs. Elle battait monnaie, et ses échevins exerçaient haute et basse justice. Ces temps d'incroyable prospérité étaient à jamais évanouis, mais les merveilleux monuments qu'ils nous avaient laissés demeuraient un témoignage, que nous espérions impérissable, des grandeurs et des richesses de l'antique cité. Quand on songe qu'elle put construire en plein moyen âge, avec le seul concours de sa puissante corporation des drapiers, le plus remarquable monument civil de l'époque, ces fameuses halles qui étaient pour Ypres ce que le palais des Doges est pour Venise !.....

M. Froidure s'interrompait brusquement :

— Vous souriez peut-être du parallèle que j'établis, disait-il. Il faut être Flamand, né dans une de ces vieilles villes libres, où les *communiers* étaient estimés à l'égal des princes, où l'industrie et le négoce étaient regardés, à juste titre, comme les forces vives de la cité, pour comprendre tout ce que les Yprois mettaient d'amour et de fierté dans ces mots : la Corporation des drapiers. La Halle aux draps !

— Continuez, lui disais-je gaiement. Je vous comprends à merveille. N'oubliez pas que Jean Limosin est né en plein cœur de la cité de Limoges, illustrée au moyen âge par ses argentiers, ses émailleurs et ses orfèvres ; qu'il a grandi dans le voisinage de cette fameuse « rue de la Boucherie »,

RUINES D'YPRES

où persiste, en plein xxᵉ siècle, la chrétienne
et vaillante corporation des bouchers.

— Vous auriez donc compris et aimé notre
ville, reprenait mon interlocuteur, et ouvrant devant moi des livrets et des albums,
il me faisait admirer la façade de la vieille
boucherie d'Ypres, les deux pignons ou-
vragés de l'hôtel de Gand, la maison
Biebuyk, la plus belle façade gothique
d'Ypres, l'hôtel de la Châtellenie, avec ses
hauts-reliefs représentant les sept péchés
capitaux qui couraient en frise au-dessus
du premier étage, les maisons des corpora-
tions, comme celle des bateliers dont les

médaillons sculptés portaient des navires, toutes voiles dehors, et la curieuse
maison de bois, et des vues du musée
Merghelynck.

Mais tous ces joyaux d'art, toutes
ces façades à pignons dentelés, à gables
effilés, ces églises, ces tours, ces flèches,
tout disparaissait devant la merveilleuse beauté de la cathédrale et de la
Halle aux draps.

— Pauvre cathédrale ! soupirait
M. Froidure. Elle a porté elle-même
son deuil. C'est pendant l'octave des
Morts que les Allemands ont commencé
à la bombarder. Elle était alors tendue
de draperies noires. Longtemps après,
ceux qui pénétraient dans les ruines
remarquaient avec saisissement ces lambeaux de tentures de deuil flottant parmi
les décombres, au milieu des tombeaux
du chœur où l'on voyait encore les
évêques d'Ypres couchés dans leurs statues de marbre.

— Jansénius était l'un d'eux?

— Jansénius n'avait pas de monument dans son ancienne cathédrale.
Une dalle blanche, toute simple, encas-
trée dans le pavé du sanctuaire, recou-
vrait sa dépouille. Pas même un nom.
Au milieu de la pierre, une petite croix
et aux angles un des quatre chiffres du
millésime 1638. C'était tout !

Je me renseignais sur l'état actuel de
la cathédrale.

— Un monceau de ruines, m'était-il
répondu avec une infinie tristesse.
Songez à tous les bombardements qu'a
subis notre malheureuse ville depuis le
jour où un obus de 420 tua une quin-
zaine de petits enfants qui jouaient.
Dès janvier 1915, la ville était effroya-
blement atteinte; au mois de juillet suivant, c'était une ville abolie. Maisons enlevées, rasées, balayées, clochers renversés,
piliers jonchant le sol, éboulements tita-
nesques, montagnes de décombres! On ne
sait plus où étaient les rues. La Grand'Place,
notre orgueil, qui étalait autrefois, aux
yeux des touristes éblouis, cette prodigieuse
façade des Halles, sans rivale au monde,
notre belle Grand'Place n'est plus qu'un
large espace morne, bosselé par des monticules de gravats, limité par quelques
pans de murs qu'ont noircis les fumées
des incendies.....

YPRES-LA-SILENCIEUSE, REINE DES VILLES MORTES

Je demandais des détails sur les Halles.

On désignait sous ce nom d'ensemble d'abord la Halle aux draps qui mesurait 132 mètres de longueur; puis le beffroi flanqué de tourelles et son campanile dont la flèche portait le dragon communal, ailes ouvertes; et le gracieux Nieuwerk bâti de 1620 à 1624, dans le style de la Renaissance espagnole; et la salle échevinale, la salle des XXVII, l'hôtel de ville.....

Le bourgmestre et député d'Ypres, M. Colaert, avait consacré vingt-cinq ans de sa vie administrative à la réfection complète des Halles. Il n'y avait pas deux ans que ce grand travail était achevé. La splendide féerie de pierre se dressait dans toute sa gloire, percée de ses innombrables fenêtres, de style triple rose des XIIIe et XIVe siècles, dominée par le jet hardi de son beffroi. A l'intérieur, des peintures murales, rappelant les fastes de la cité et dues au pinceau de Pauwels et de Delbecke, ornaient la fameuse grand'salle qui ne mesurait pas moins de 2 472 mètres carrés. Entrer là, c'était entrer de plain-pied dans le moyen âge, c'était évoquer avec Michelet, sous ces voûtes profondes, les puissantes rumeurs du passé :

En haut, le va-et-vient des métiers frappant à chaque coup une poitrine d'homme. En bas, les mille bruits des instruments employés à préparer la besogne aux tisseurs ou bien à l'achever..... Au fond, les comptoirs de la vente, les voix qui se croisent ou se répondent, les prix jetés au vol, acceptés ou refusés par la foule des clients qui venaient là de l'Orient et du bout du monde, de Venise, de Bergen, de Novgorod.

**

Le mercredi 7 octobre 1914, un détachement allemand fort d'une dizaine de mille hommes arriva devant les murs d'Ypres. La ville n'était défendue que par trois cents gardes civiques : voyant approcher l'ennemi, ils battirent en retraite sur Furnes. Le bourgmestre et les autres autorités communales, se portant au-devant de l'envahisseur, avec le drapeau blanc des parlementaires, supplièrent le chef de la troupe allemande d'épargner une ville sans défense, riche de merveilleux monuments qui venaient d'être restaurés. Les Boches promirent de tout respecter. Mais ils commencèrent par rançonner la ville et par faire main basse sur la caisse communale. Les maisons furent brutalement envahies. On vit des soldats installer leurs chevaux dans des salons de maisons particulières, sans se soucier de chercher ailleurs des écuries. Ce furent une journée et une nuit d'épouvante, des scènes de pillage, des orgies comme celle de l'Ecole de cavalerie où les caves à vins et à provisions des officiers furent vidées en quelques heures, tandis que meubles, vaisselle, objets d'art étaient jetés dans la rue, pour le pillage.

Cependant, les troupes anglaises se hâtaient vers la ville. Prévenus de leur approche, les Allemands, dès le lendemain 8 octobre, s'empressèrent de quitter Ypres. Mais on se disait avec terreur :

— Ils vont revenir! Ce n'est peut-être qu'une feinte! De nouveau, n'allons-nous pas les voir arriver demain?

Ce furent les Tommies qui arrivèrent, joyeux, alertes, traînant derrière eux une file interminable d'autos et de voitures de ravitaillement. La population les accueillit comme des sauveurs. On leur offrait de la bière, du vin, du thé. Ils acceptaient tout. Ils riaient. Ils continuaient leur long défilé en chantant à pleine voix, et la foule chantait avec eux :

It's a long way to Tipperary,
It's a long way to go.....

Bientôt des régiments de territoriaux français vinrent renforcer les troupes anglaises. Ypres, bien gardée, ne vit plus revenir les Allemands. Mais on se battait furieusement autour d'elle et pour elle. C'était une belle proie que les Germains convoitaient. De loin, dominant la plaine de Flandre, la tour de la cathédrale et le beffroi, cibles merveilleuses pour leurs canons, avivaient leurs regrets. Ne pouvant la conquérir, ils s'acharnèrent à la ruiner. Bientôt, le bombardement devenant intenable, ce fut l'exode en masse des habitants qui, entassés dans des wagons à bestiaux, furent dirigés vers la France ou vers l'Angleterre. Les vieillards des hospices, les orphelins, les aliénés eux-mêmes furent évacués sous la mitraille. Certaines gens, ne pouvant se résoudre à fuir, s'installaient

L'ÉGLISE SAINT-JACQUES, À YPRES

dans les caves; d'autres partaient à pied pour les villages voisins, espérant revenir à la prochaine accalmie. Mais l'accalmie ne se produisait pas. Aux ravages causés par les obus se joignaient ceux des bombes incendiaires. Ce fut un inoubliable spectacle que celui de l'embrasement des Halles, le jour où les premiers projectiles tombèrent sur leur toiture. Les charpentes de la Halle aux draps étaient un objet de curiosité pour le touriste. Elles se montraient à nu dans la Grand'Salle, et le fouillis compliqué de cette voûte de chevêtres, de poutres cornières, de chevrons et de soliveaux, produisait un effet surprenant. Enlevé aux forêts du nord de l'Europe, amené à grands

AU LOIN, LE BÉGUINAGE...

frais par mer, ce beau bois de chêne, après six cents ans de bons services, apparaissait intact comme au premier jour. Il ne fallut que quelques coups de canon bien pointés pour en faire un gigantesque brasier. La ville connut des spectacles qui dépassèrent en tragique horreur les plus effrayantes visions dantesques, les imaginations des plus formidables enfers.

— Vous entendez bien, accentuait M. Froidure, l'enfer à Ypres, l'enfer dans notre paisible cité qui ne s'animait qu'au bruit de ses carillons, au choc des fuseaux de nos dentellières, aux bonnes grosses rumeurs flamandes des marchés au beurre! L'enfer parmi nos pieuses chapelles, nos ouvroirs candides, nos calmes béguinages! Qu'en dirait Rodenbach?

Au loin le béguinage, avec ses clochers noirs,
Avec son rouge enclos, ses toits d'ardoises
                [bleues,
Reflétant tout le ciel comme de grands miroirs,
S'étend dans la verdure et la paix des banlieues,

Les pignons dentelés étalent leurs gradins,
Partout monte le rêve aux lointains qui bru-
                [nissent,
Et des branches, parfois, sur le mur des jardins,
Ont le geste très doux des prêtres qui bénissent.

XXIV — LA MORT DE L'AUMONIER

C'était un jeune prêtre de vingt-huit ans. Fils d'un riche négociant de Dunkerque, élevé dans sa ville natale sans quitter le doux nid de la famille, il avait entendu soudain, à la fin de son adolescence joyeuse et espiègle, l'appel mystérieux qui fait les prêtres : « Viens..... suis-moi. » Etudes littéraires et ecclésiastiques aux Instituts catholiques de Lille et de Paris, à Saint-Sulpice, à Rome ; un an de professorat à Saint-Jude d'Armentières, et la guerre éclate.

Grand, frêle, de santé médiocre, l'abbé Van Parys avait été versé dans le service auxiliaire. Mais son zèle ne peut se contenter de cette inaction relative. Il demande à partir pour le front. On l'affecte à l'artillerie lourde.

Le lieutenant-colonel B..., qui commande le régiment, a bien vite « repéré » ce deuxième « canonnier servant », dont il reconnaît la valeur morale et l'esprit apostolique. Il le décharge de tout emploi aux batteries, en fait l'aumônier bénévole de ses groupes, le prend pour commensal et devient son ami. La « popote » du colonel est installée dans un des hôtels qui se groupent près de la plage. L'abbé s'y rend pour les repas, souvent en retard, car il s'oublie auprès du bon Dieu. Sa chambrette est un peu plus loin. Mais son principal centre d'action sera la chapelle que les Pères du Saint-Sacrement avaient construite à côté de leur couvent, au bout de la dune.

Quand on vient par la route qui serpente au milieu des sables, on aperçoit soudain, se détachant sur l'horizon, les hautes façades et les minarets prétentieux de quelques constructions de style « boche ». Mais, au premier plan, plus sobre, plus gracieux, s'élève le monastère dont les hautes fenêtres, le porche imposant, la cour d'honneur rappellent quelque abbaye ou quelque béguinage. Le major du cantonnement l'occupe avec une infirmerie régimentaire. Mais la chapelle, qui est contiguë, a été laissée au culte.

Oh ! la jolie chapelle ! Vaste, élancée, claire, accueillante ! La voûte de bois brun, les verrières aux tons doux, le pavé bien net, les chaises alignées, tout rappelle l'ordre et la propreté des Flandres. Quels beaux auditoires militaires s'y pressent pour les Messes du dimanche et pour les cérémonies du soir que les aumôniers divisionnaires viennent présider trois fois par semaine ! Mais c'est l'abbé Van Parys qui en est le gardien fidèle et le desservant zélé. Avec l'aide de soldats dévoués, il orne l'autel de drapeaux et de fleurs, il distribue les cantiques, il prépare les ornements sacerdotaux. La sacristie devient son quartier général. Quelques éclats d'obus qui percèrent la voûte ont aussi brisé les vitres. On les a remplacées par des feuilles de carton.

De grand matin, avant et après sa Messe, l'abbé entend les confessions. Chaque soir, on le voit revenir de ses tournées aux batteries. Ses grosses bottes d'artilleur sonnent sur les dalles. Il dépose son bâton et son casque pour revêtir bien vite sa soutane. Il confesse encore ou il s'agenouille dans une stalle en attendant l'heure du salut. On aimait le voir prier. Dans la lumière adoucie par les vitraux, avec sa barbe blonde et son attitude si recueillie, il ressemblait à un Christ en oraison. Son exemple prêchait plus éloquemment que sa parole qui était restée un peu hésitante et craintive, et que le geste, rare, ne relevait pas assez.

LA CHAPELLE DES PÈRES DU SAINT-SACREMENT
A OOSTDUINKERQUE-BAINS

sur les lèvres. Il distribuait des cigarettes, disait quelques mots de cordialité qui servaient d'amorce à une conversation plus sérieuse. Les canonniers étaient contents.

— C'est un poilu, disaient-ils; il n'a pas peur. Mais il finira par se faire amocher.

Ce doux, ce timide était brave jusqu'à la témérité quand il voyait un devoir à remplir auprès de ses hommes. Il se rappelait que « le bon pasteur donne sa vie pour ses brebis ». Le 5 avril dernier, il avait déjà été cité à l'ordre pour son courageux dévouement. Le 3 août, il se donna tout entier jusqu'à l'effusion de son sang, jusqu'à la mort.

Il visitait, près de Nieuport, une batterie dont le tir devait être efficace, car elle était contre-battue avec fureur par les Boches. Un de leurs obus tomba en plein sur un abri léger où se trouvaient quatre canonniers qui furent écrasés. L'abbé se précipita hors de la casemate qui l'abritait. Malgré l'avalanche de feu, il veut tenter de porter secours à ses hommes, leur donner au moins une suprême absolution. Le lieutenant M... l'accompagne.

Avec un calme héroïque et sublime, a écrit leur colonel, ils pénètrent dans la section, sur laquelle s'écrasent sans interruption, dans un fracas formidable, de puissants obus explosifs. Arrivés au but, ils tombent tués net.

L'un et l'autre étaient noircis et brûlés par la déflagration. On les apporta, avec les quatre artilleurs, sur des voitures d'ambulance jusqu'au dépôt mortuaire où se fit la mise en bière.

Les funérailles furent splendides par la pompe militaire qui les environna, par la présence de deux généraux, de quatre colonels, d'innombrables officiers de tous

Sa pensée dominante était de faciliter la communion des soldats et de faire prier pour les morts. Il aimait que la journée s'achevât par le chant triste et doux du *De profundis.*

Était-ce un pressentiment? Voulait-il, par avance, s'assurer des prières? Parfois, quand on lui parlait, il semblait distrait, comme s'il eût prêté l'oreille à un appel lointain, et ses yeux paraissaient regarder au delà de ce monde.

Aussi bien avait-il souvent frôlé la mort. Dans ses visites quotidiennes aux batteries, il allait de préférence vers celles que l'ennemi bombardait. Il marchait au canon. On le voyait arriver, toujours simple et modeste, la main tendue, un bon sourire grades qui suivaient les quatre fourragères où reposaient les cercueils, tandis que les artilleurs formaient la haie. Au départ du cortège, le général commandant le groupement avait épinglé sur le drapeau, qui servait de drap mortuaire à l'aumônier, la croix de guerre avec palmes. Elle était accompagnée de cette citation à l'ordre de l'armée :

Emmanuel Van Parys, deuxième canonnier servant, service auxiliaire, ...* régiment d'artillerie à pied. Ecclésiastique du service auxiliaire. Est venu au front sur sa demande. A donné sans cesse des preuves de son absolu mépris du danger en allant porter les secours de son ministère aux blessés de première ligne. Tué héroïquement le 3 août 1916, en se portant à découvert, sous un bombardement de gros calibre d'une extrême violence, au secours de canonniers ensevelis sous un abri effondré.

Plus émouvants encore que les honneurs rendus et que les formules officielles furent les regrets unanimes de ses chers artilleurs qui accompagnèrent le prêtre soldat. Bien des larmes coulèrent dans les moustaches quand l'aumônier divisionnaire, à l'église, et le colonel du régiment, au cimetière, saluèrent une dernière fois sa dépouille mortelle. On rappelait sa bonté, son zèle, son dévouement, sa fin sublime. C'était la reconnaissance de tous qui s'affirmait pour celui qui s'était donné à tous jusqu'au sacrifice complet de sa vie, et qui, ayant voulu mourir avec ses soldats, allait les introduire lui-même, comme par la main, au paradis.

XXV — LE THÉATRE DU CAMP

Les camps que nous visitons, dans la dune belge, ont pour parrains tantôt des chefs illustres d'autrefois, tantôt des héros d'hier tombés vaillamment à leur poste de combat : de jeunes officiers ou sous-officiers, de simples soldats. Nous avons ainsi le camp Jean-Bart et aussi le camp de Juniac, les camps de l'adjudant Lefèvre, du sous-lieutenant Rink, du zouave Bador.

Le sous-lieutenant Rink fut tué dans sa tranchée, par une torpille, sur la route de Lombaertzyde. On trouva dans sa cantine un La Bruyère où il avait souligné le parallèle connu entre le soldat et le couvreur :

La mort, pour eux, est un inconvénient dans le métier et jamais un obstacle. Le premier aussi n'est guère plus vain d'avoir paru à la tranchée que celui-ci d'avoir monté sur de hauts combles ou sur la pointe d'un clocher. Ils ne se sont tous deux appliqués qu'à bien faire.

Le petit zouave René Bador était de la Jeunesse catholique d'Ivry-sur-Seine. On a publié son testament qui contient ce passage touchant :

Je demande une sépulture religieuse dans le caveau de famille à Bermond. Et que tout le monde se console. Je meurs pour ma patrie, quoi de plus beau ! Petite mère, ton fils est près de père où il te prépare une glorieuse place. Pleure, mais espère. Je t'embrasse comme autrefois que j'étais petit et que tu me berçais sur tes genoux. Fait au repos, au camp Rink, le 29 décembre 1915.

Moins d'un mois après, le 24 janvier 1916, le zouave Bador était tué et le camp voisin prenait son nom.

Bien souvent, quand nous disions la Messe au camp Bador, ou pendant la petite retraite pascale que nous pûmes y donner, j'aimais à rappeler à nos hommes le souvenir et les exemples de ce jeune soldat, si chrétien et si vaillant.

Dans tous nos camps, une baraque était réservée sous le nom de « salle de conférences ». Munie de tables et de bancs, elle offrait aux troupiers un abri pour lire ou pour faire leur correspondance. L'estrade réservée au conférencier nous permettait de dresser notre autel de campagne et de célébrer la Messe bien en vue de l'assistance.

Mais le camp Bador se distinguait des autres par une salle plus vaste et mieux aménagée. C'était un vrai théâtre que les

zouaves y avaient installé dans une grande
baraque rectangulaire placée sur la pente
de la dune, ce qui lui donnait une allure
d'amphithéâtre.

La scène, plus basse que la salle, était
bien visible et précédée d'une avant-scène
profonde où se logeait la musique. Des
bancs, des portes de sûreté, des fenêtres
voilées pour éviter l'indiscrétion des avions,
la lumière électrique, la pompe à incendie,
rien ne manquait. Les jours de grandes
représentations on voyait arriver en auto,
de Dunkerque et de La Panne, les autorités
militaires et parfois le roi et la reine.
Celle-ci, très simple, en paletot de tricot
blanc, une mantille sur les cheveux, voulait avant de s'asseoir faire le tour du cercle,
et demandait gracieusement qu'on lui pré-
sentât les officiers qui l'entouraient.

Il y eut des auditions musicales: on
donna Werther. Il vint des artistes de
l'Opéra et de la Comédie française (de
l'Académie française, disaient les poilus).
Mais la plus belle séance fut sans conteste
celle des chansons militaires. Ah! la noble,
la charmante réunion! Ce soir-là, l'excellente musique du ...e d'infanterie, dirigée
par son chef, M. R..., qui est un vrai
artiste, la bonne chorale qu'il avait formée,
furent dignes de la conférence donnée par
un capitaine de notre état-major, gendre
d'un académicien. Tout était de premier
ordre, même les projections qui faisaient
défiler sous nos yeux des tableaux militaires.

Le seul titre de la conférence nous avait
tous tentés: *Marches et chansons des soldats de France*. Nous savions que les
morceaux qui devaient être exécutés au
cours de la soirée avaient été réunis par
l'ancien chef d'état-major du groupement
de Nieuport, le lieutenant-colonel J...,
dans l'intention de composer, pour le plus
grand profit des soldats de 1914-1916, « une
leçon d'histoire, une théorie morale qui
leur rappelât leurs traditions et les pères
dont ils descendent ». Nous accourûmes
pour revivre trois siècles de bravoure dans
trois siècles de musique et de marches
guerrières, pour deviner, à travers la sonnerie des trompettes et les notes ardentes
des clairons, l'idéal militaire de la France
aux grandes époques de son histoire, les
manières successives avec lesquelles le
troupier français comprit et aima, au cours
des âges, l'Armée, la Patrie et la Gloire.

Dès ses premiers mots, le conférencier
nous tenait sous le charme :
« Vingt siècles que nous nous battons
et toujours en chantant! » Nos petits soldats oubliaient la présence du roi et de la
reine, qui les avait impressionnés tou-
d'abord. Ils étaient conquis, ils riaient de
toutes leurs dents, ils écoutaient de toutes
leurs oreilles. A mesure que le conférencier
parlait, leurs yeux expressifs s'emplis-
saient d'étonnement. Eh quoi! au moyen
âge, les chants de guerre étaient des chants
religieux? Saint Louis, s'embarquant à
Aigues-Mortes, faisait entonner le *Veni
Creator* en guise de « chant du départ »?
La première musique militaire était une
musique d'église? Et, de loin, ils sou-
riaient à leurs aumôniers, avec un air de
leur dire: « C'est donc bien vrai que vous
avez toujours été les premiers partout! »

*
* *

Mais déjà le capitaine G..., passant
rapidement sur les premiers siècles, expli-
quait comment l'armée française, qui commençait à peine à s'organiser sous François Ier, était définitivement constituée
sous Louis XIV. Il faisait défiler devant
nous les fringants régiments du xviie siècle,
fiers de porter les beaux noms sonores de
nos vieilles provinces: Provence, Champagne, Navarre, Bourgogne, Roussillon,
Picardie. Il nous disait comment Louvois
donna à chacun de ces régiments un
drapeau et un uniforme, une discipline
interne, une forme visible; comment il
créa le « pas », la cadence d'une troupe
qui remplace le piétinement d'une foule;
comment enfin, grâce à lui, l'armée eut
une âme, puisque dans chaque régiment
il forma une musique.

Et nos poilus de sourire. Drôle de musique! Ces soldats qui marchaient au son
des violons! Il est vrai que c'était alors
le temps de la guerre en dentelles. Aux
violons, on ajouta pourtant des fifres et
des hautbois — dont notre excellent chef
de musique sait nous rendre les notes
archaïques. Plus tard, enfin, viennent les
trompettes et les tambours. Ce n'est pas
dommage!

Des airs de Lulli résonnèrent dans
l'enceinte du baraquement perdu en pleine
dune belge, à la portée des canons ennemis

et des bombes d'avions. Airs solennels, marches cérémonieuses, rythme imposant, celui qui convenait aux armées du grand roi. Le troisième morceau était cette fameuse marche des dragons de Turenne, dont Bizet a fait le thème de son prélude dans l'*Arlésienne*. Tous les fils du Midi fredonnaient entre leurs dents l'air qui leur rappelait le « train » des Rois Mages et les sonorités de la langue provençale.

A la musique de Lulli succéda celle du XVIIIe siècle, avec laquelle les soldats pimpants et mirliflores qui s'appelaient La Tulipe, La Fleur, La Violette, La Framboise se battaient en *dilettanti*, pour l'amour de l'art, avec élégance. On nous donna la chanson des *Gris vêtus*, ces soldats du régiment de Champagne qui eut pour colonel l'illustre Chevert; une *marche* maniérée, gracieuse et guillerette comme un menuet, extraite du *Devin du village*; la chanson favorite des gardes françaises qui passe pour avoir été rimée par M. de Voltaire.

*
* *

Chansons à boire que tout cela, où l'on ne parlait ni de guerre ni de patrie. Quel ton plus mâle, plus vibrant, plus passionné dans les chants de la Révolution et de l'Empire, où la guerre n'était plus une partie de plaisir. Voilà enfin des airs qui « ont des moustaches »!

La matière sonore elle-même subit un complet bouleversement. Les violons, les instruments à corde disparaissent. Les cuivres dominent les tambours. On ne cherche, on ne veut que ce qui exprime le souffle, l'enthousiasme, la fièvre héroïque.

Tous graves, tous émus, nos soldats écoutent le *Chant du départ* qui évoque pour eux non seulement les jours terribles de la Révolution, mais les grandes heures de l'appel aux armes et du départ dans les trains fleuris, en août 1914. Ils écoutent la *Marseillaise* et son histoire que certains ignoraient. Mais ce que tous savent bien, c'est qu'aux matins d'assaut, quand cet air sublime retentit, les plus timides sautent sur le parapet et chantent : *Le jour de gloire est arrivé!* Ils écoutent la *Marche de Marengo* qui rappelle l'héroïsme de la garde consulaire, celle-là même qui, en 1800, formée en carré dans

la plaine lombarde, donna à Desaix le temps d'arriver avec la victoire.

Passant du grave au doux, de la veine héroïque à la vieille note gaillarde et gauloise qui se conserve dans nos armées, le conférencier esquisse le type du « grognard » qui rendrait des points à nos poilus à trois brisques. Et la chanson des grenadiers éclate, celle que 25 000 bonnets à poil entonnèrent, dit-on, en marchant à l'attaque, le jour glorieux d'Austerlitz :

> On va leur percer le flanc :
> Que nous allons rire!

Inutile de dire que nos soldats reprenaient en chœur le refrain.

La victoire est à nous, de Grétry, rappelle les fastes du Consulat et de l'Empire. Elle a retenti triomphante, avec la brigade Lassalle, sous la porte Brandebourg, à Berlin. Et nos troupiers de chuchoter :

— Qu'est-ce que nous chanterons, en y passant, à notre tour?

La *Marche impériale* fait songer à la Grande Armée. C'est [elle, hélas! qui rythma l'entrée en scène de la garde, le 18 juin 1815, à Waterloo.

> ..... — Allons, faites donner la garde, cria-t-il.
> ..... Puis, à pas lents, *musique en tête*, sans
> [fureur,
> Tranquille, souriant à la mitraille anglaise,
> La garde impériale entra dans la fournaise.

Une nouvelle étape, celle des lendemains de l'Epopée. La chanson a succédé à l'ode. Béranger après Rouget de Lisle. La romance *Les zouaves* évoque la Restauration; *La casquette du Père Bugeaud*, les guerres et les soldats d'Afrique; *La Retraite de Crimée*, les longues attentes sous les murs de Sébastopol; *Vous n'aurez pas l'Alsace et la Lorraine*, les souvenirs de 1870.

Pour finir — et ce fut le clou de la soirée, — on nous donna les sonneries particulières qui saluaient, aux différentes époques, les étendards et les enseignes. Les notes stridentes des cuivres faisaient tressaillir nos âmes militaires.

La sonnerie actuelle date de 1879, nous dit le capitaine G...; c'est celle de la distribution des drapeaux aux régiments. C'est encore le même thème reconnaissable depuis le xvııe siècle, mais allégé, dégagé, amaigri, devenu tout nerfs et élan, réduit aux clairons et aux tambours. C'est comme un cri, une acclamation, une sorte de *Vive la France*, simple et nu comme une baïonnette.

Après avoir écouté debout une dernière fois la *Marseillaise*, suivie de la *Brabançonne*, nous sortions du petit théâtre en nous sentant tous un peu plus soldats.

XXVI — LES BLESSÉS DE LA REINE

A l'entrée de Coxyde, dans une salle de l'école des garçons, fonctionnait le poste de triage. Toute automobile sanitaire, qu'elle vînt de Nieuport-ville ou de Nieuport-bains, devait s'y arrêter. L'aide-major de garde la dirigeait alors, après examen des fiches, sur l'ambulance divisionnaire, sur Adinkerque, Zuydcoote ou La Panne. La gravité des blessures dictait le choix, les plus légères étant soignées à l'ambulance et les plus sérieuses à l'hôpital de la Reine.

Celui-ci avait le grand avantage de n'être qu'à quelques kilomètres des lignes. Avec les bonnes voitures automobiles de la section sanitaire anglaise, un blessé pouvait être étendu sur la table d'opération moins de deux heures après avoir été frappé. Pour les blessures abdominales, en particulier, on sait qu'une intervention très rapide est une condition de succès.

Mais ce n'était pas seulement sa proximité qui rendait l'hôpital de La Panne si bienfaisant pour nos chers soldats. C'étaient encore son installation, son organisation, son personnel.

En venant d'Adinkerque ou de Coxyde, on rencontrait d'abord la petite ville propre et bien tenue, aux villas pittoresques destinées aux baigneurs, aux boutiques bien achalandées. La rue qui va à la mer était toujours très animée : troupes belges au repos, officiers faisant leurs emplettes, automobiles des états-majors, roulant à grande allure. En approchant de la plage on entrait dans le domaine de la douleur et de la charité.

J'arrivais d'ordinaire par la grève. Laissant ma bicyclette chez l'aumônier belge de Saint-Idesbald, je suivais la ligne du flot, obligé seulement de faire quelques crochets quand les mitrailleuses — surveillées quelquefois par le roi Albert — s'exerçaient contre les vagues. Après un quart d'heure de marche, j'étais sur la belle terrasse que forme la digue, devant l'hôtel de l' « Océan ».

C'est ce vaste hôtel qui a été d'abord aménagé en hôpital. On a enlevé quelques cloisons pour réunir en une deux chambres contiguës et faire de vastes chambrées, bien claires, bien aérées, pouvant contenir six ou huit lits. Mais, en dépit de ses quatre étages, le palace était insuffisant. Il a fallu construire tout autour plusieurs pavillons en bois fort bien aménagés : British, Everyman, Albert-Elisabeth, le pavillon des yeux, etc. Avec les services divers : cuisine, blanchisserie, lingerie, logement des employés, c'est une petite ville. Elle a sa modeste église en bois, elle aussi, qui est en même temps un musée où ont été pieusement réunies les reliques sauvées de tant d'églises détruites : une magnifique chaire sculptée, des statues, des tableaux, des cloches, des dentelles, — pauvres épaves de la guerre qui attendent les restaurations prochaines et qui semblent bien placées là, auprès des blessés.

Ce qu'on remarque tout d'abord en entrant dans une salle de La Panne, c'est la propreté, une propreté parfaite, raffinée. Le linge est toujours immaculé. Les blessés sont lavés avec soin et tendent à leurs visiteurs des mains soignées. Sur les lits, des couvertures blanches à grandes croix rouges. A côté, la petite table qui porte les objets familiers est toujours ornée de quelques fleurs. Partout circulent les infirmières belges et anglaises, gracieuses, empressées, souriantes. C'est le royaume de la bonne humeur et de la confiance.

Quand le temps est beau, le soleil entre à flots par les baies largement ouvertes. On installe les blessés sur les balcons ou sur la terrasse. Ils s'étirent comme des lézards. Des chapeaux de jonc les protègent contre les ardeurs trop vives. Les pyjamas rouges des convalescents jettent une note éclatante comme des coquelicots dans un bouquet. Ils contemplent la mer. Ils voient moutonner les vagues. Ce ne sont pas de grandes masses d'eau qui déferlent comme sur les plages de l'Océan. Ce n'est pas la lumière chaude de la Méditerranée. Cette mer du Nord est plus calme, d'un ton plus doux. Elle repose. Elle endort la souffrance. Sur le sable, des enfants jouent; un peu plus loin, des soldats se baignent. A l'horizon passent des monitors anglais ou quelques bateaux de pêche qui rentrent à Dunkerque.

Par un bel après-midi de septembre, j'ai vu organiser sur la grève des courses et jeux divers pour les convalescents : courses de sacs, courses de vitesse, concours d'adresse dirigés par des officiers belges et animés par la pétulance des petites misses anglaises. Boiteux et manchots, trépanés encore coiffés du turban, luttaient, criaient, riaient comme de grands enfants.

Il n'y a parmi eux qu'une voix pour louer et remercier.

— Ah! Monsieur l'Aumônier, c'est vrai qu'on est bien soigné et bien nourri, et tout. Vous pouvez l'écrire à chez nous.

— Toutes ces dames sont bien bonnes et les infirmiers aussi. Voyez, il n'est pas 3 heures et ils nous apportent déjà le café au lait et les tartines pour la collation.

— Et le petit aumônier belge! Il apprend même nos « petits noms » pour nous parler plus gentiment. « Eh bien, Pierre, qu'il dit, comment vas-tu? » On se croirait chez nous.....

— Et la reine.....

Nous sommes, en effet, chez la reine. C'est elle qui a veillé à l'installation de ce magnifique hôpital. On dit qu'elle en paye les frais sur sa cassette particulière. Le professeur Depage, de la Faculté de Bruxelles, entouré de chirurgiens habiles, dirige tout le service. Les salles d'opérations sont installées dans les meilleures conditions et permettent d'opérer cinq ou six blessés à la fois. Les catégories sont soigneusement sériées : on traite les membres inférieurs

dans telle salle; dans telle autre, les crâniens. Le matériel est parfait. Le personnel, bien choisi, bien dirigé.

L' « Océan » est même un centre médical. Des conférences sont données par des professeurs célèbres qui opèrent ensuite d'après leurs spécialités. C'est une chance de plus pour les blessés qui sont ainsi traités par des princes de la science. Aussi, de tous les cantonnements voisins, les majors viennent-ils, chaque semaine, entendre les conférenciers.

La reine est, en général, assise au premier rang des auditeurs. Elle entre discrètement et se glisse, toute menue, au fauteuil qu'on lui a réservé. Les questions médicales l'intéressent beaucoup. Mais elle ne se borne pas à la théorie. Chaque matin, elle passe plusieurs heures dans les salles, non point en visiteuse, mais en infirmière. Comme elle fait toutes choses simplement et sans bruit, les blessés français ne savent pas toujours quelles mains ont déroulé leurs bandages.

Un de nos petits soldats, qui avait eu l'avant-bras gauche arraché, me dit un jour :

— Monsieur l'Aumônier, savez-vous qui a pansé ce matin mon pauvre moignon? Eh bien! c'est la reine! Si je l'avais su, je l'aurais mieux remerciée. Mais j'avais cru d'abord que c'était une dame comme les autres, parce qu'elle ne faisait pas d'embarras. Ce n'est qu'après qu'on m'a dit. Ah! je vais l'écrire à chez nous. Il seront rudement épatés.

Un amputé de la jambe, originaire de Calais, avait reçu la visite de sa femme. Elle était auprès de lui quand la reine vint renouveler son pansement.

— Vois-tu, lui dit le blessé, ça c'est une reine comme il n'y en a pas beaucoup, et son roi aussi est un homme qui mérite le respect.

La reine cause aimablement avec le ménage, qui regrette de ne pouvoir lui présenter la « petite » : elle est restée en ville, dans la pension où sa mère est descendue. Qu'à cela ne tienne! Sa Majesté dit un mot et une infirmière monte en auto pour aller chercher la fillette qui vient bientôt se joindre à ses parents, et la conversation se poursuit simple et cordiale.

Le roi et la reine mettent à passer inaperçus le soin que d'autres emploient à

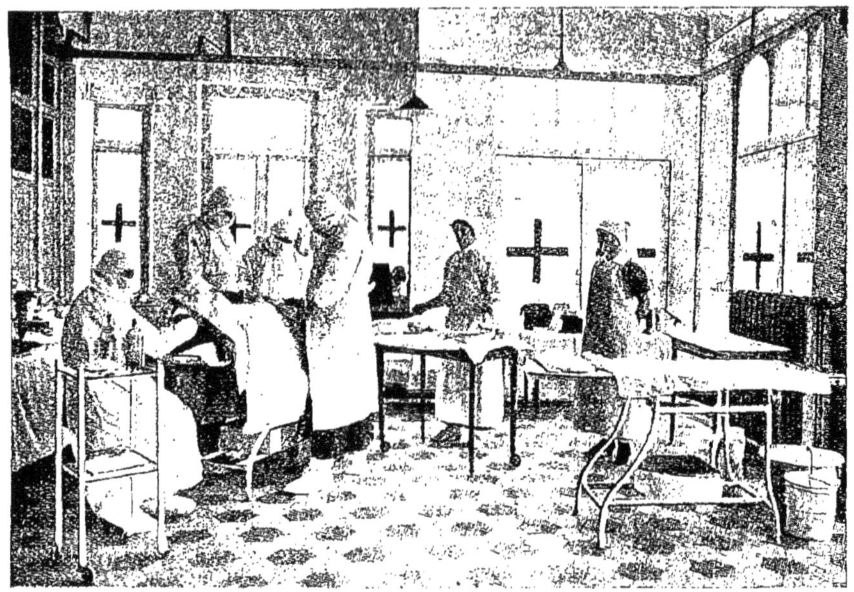

L'HÔPITAL DE L' « OCÉAN », A LA PANNE

paraître. On rencontrait parfois un officier belge de haute taille, surveillant des exercices de tir ou faisant une promenade sur les routes. On saluait distraitement, et un gendarme, qui l'escortait de loin, nous disait en passant :

— C'est le roi, savez-vous?

Les jeunes princes se promenaient aussi, avec leur précepteur, et saluaient toujours les premiers les officiers français.

En les voyant, je pensais aux jolis vers que l'aîné des enfants royaux, le petit prince soldat Léopold de Brabant, inspirait naguère au bon poète François Fabié :

> Hier sous ses cheveux blonds
> Que sa mère gardait longs
> Pour qu'il ressemblât aux filles.....
> Aujourd'hui, petit soldat,
> Il se prépare au combat
> Aux côtés du roi son père!
>
> . . . .
>
> Va, petit conscrit royal,
> Le rapace impérial
> A beau couvrir de son ombre
> Ton héritage et ton nid :
> Tu commences, il finit,
> Et tu montes quand il sombre.....
>
> . . . .
>
> Hardi, mon beau lionceau!
> D'autres trouvent au berceau

> La couronne qui les guette;
> Toi, tu pourras dire un jour,
> Ceignant la tienne à ton tour,
> Qu'elle est un peu ta conquête.

La petite princesse Marie-José fit sa première Communion, le 15 août, dans une humble chapelle, sans éclat extérieur.

Tout est simple à la cour du roi-chevalier. La bonté et le dévouement à ceux qui souffrent, voilà bien la note dominante. La provisoire résidence royale est surtout un grand hôpital.

Je pourrais citer bien des traits de délicate charité de la part du personnel. Une petite infirmière belge, attachée au pavillon des yeux, avait des attentions exquises pour les pauvres blessés. Elle savait leur annoncer la grande épreuve de la cécité avec tant de délicatesse que cette révélation terrible était accueillie presque toujours sans désespoir. Je me rappelle un brave boulanger qui me disait :

— Je pourrai encore travailler et gagner ma vie. La petite demoiselle me l'a fait comprendre. Et puis j'ai un garçon qui veut étudier pour devenir prêtre. A cause de lui, le bon Dieu me protégera.

Et l'aumônier! Le bon abbé Quaeghebeur, si svelte, si jeune dans son uniforme kaki,

CHAPELLE DE L'HOPITAL DE L' « OCÉAN », A LA PANNE

avec la croix à gauche, comme une décoration, selon l'usage belge! C'est lui qui
appelle les blessés « par leurs petits noms »,
comme les mamans. Que de lettres il a

INTÉRIEUR DE LA CHAPELLE

écrites pour donner des nouvelles, pour envoyer des souvenirs affectueux !

Quand j'arrivais chez lui pour me renseigner sur les blessés français, il abandonnait bien vite sa pipe ou son cigare et m'accompagnait dans les salles, me signalant joyeusement les heureux progrès ou me donnant tristement des détails sur les douloureuses agonies.

Que le bon Dieu bénisse le cher aumônier de l' « Océan » au nom de toutes les mères françaises dont il a assisté les fils!

Qu'il bénisse et récompense la petite reine si secourable à nos blessés !

XXVII — MÉDITATION DEVANT LA MER

L'aumônier chaussa ses gros souliers de marche. Il prit à la main le bâton coupé naguère dans un taillis de Lorraine, glissa un paquet long sous son bras gauche et assura à son côté la boîte métallique du masque contre les gaz. Le casque en tête, sa cape à croix rouge sur l'épaule, il partit à travers la dune.

Sa course de ce jour-là était un pieux pèlerinage. Une mère désolée lui avait envoyé un grand crucifix pour orner la tombe de son fils. En cheminant vers la plage où s'étend le petit cimetière des zouaves, le prêtre évoquait le souvenir de ce jeune sergent qu'il avait connu collégien enthousiaste, curieux de savoir et de vivre, et qu'il savait mort en admirable soldat.

Arrivé devant le tertre de sable encadré de briques rouges, il fixait à l'humble croix de bois l'autre croix, témoin de la foi maternelle. Puis il priait et rêvait, tandis que hurlait le vent du large et que les vagues, toutes proches, déferlaient avec fracas. Peu à peu, et comme à son insu, il se laissait bercer par le bruit des flots. La mer exerçait son emprise. C'était sur elle qu'il se prenait à méditer. Les récits mosaïques, les versets du Psalmiste et des Prophètes chantaient dans sa mémoire et lui rappelaient la grandiose poésie de la Bible :

Ainsi parle la mer, la forteresse de la mer..... Voici la grande et vaste mer où se meuvent sans nombre des animaux petits et grands, où se promènent les navires...... Qu'ils sont merveilleux, les élans, les sursauts de la mer!....

Et aussitôt la pensée du Dieu créateur des océans et maître de leurs destinées :

La mer est à lui : c'est lui qui l'a faite..... Il amoncelle en un tas les eaux de la mer, il met dans des réservoirs les abîmes..... Il marche sur les hauteurs de la mer, il se cache jusque dans ses profondeurs..... Tout ce que l'Eternel veut, il le fait, dans les cieux et sur la terre, dans les mers et dans tous les abîmes..... Où irais-je loin de ton esprit, loin de ta face ? Je monte au ciel, tu es là ; je m'avance au confin des mers, là aussi ta main me conduit, ta droite me soutient.

L'aumônier poursuivait sa méditation :

« La mer apparaît aussi dans votre Evangile, ô Seigneur, mais elle y est plus riante, plus douce, plus humaine. C'est le lac de Tibériade, le lac aux belles eaux dont les Juifs disaient qu'ayant créé sept mers, vous vous en étiez réservé une seule, celle de Génésareth. C'est la mer des pêches miraculeuses et des prédications dont la barque était la tribune; la mer de la tempête apaisée et de l'apparition sur les flots; la mer des supplications exaucées: « Seigneur, sauvez-nous, nous périssons!..... Hommes de peu de foi, pourquoi craignez-vous ?..... Tais-toi, ô mer, cesse de gronder. » Dans le Nouveau comme dans l'Ancien Testament, vous êtes « Celui à qui les vents et la mer obéissent ».

» Et voici que sur ces flots qui, selon le mot de Chateaubriand, mugissent l'immensité de Dieu, un peuple fou d'orgueil a voulu étendre sa domination tyrannique. Il prétend asservir la mer, la traiter en pays conquis, la rendre complice de ses crimes. A tout capitaine qui dira à son pilote: *Duc in altum!* le kaiser veut couper la route du large. Il entend que tout navigateur reconnaisse la toute-puissance de l'empereur allemand : « Mon » Seigneur et mon Dieu ! » Ses sous-marins, semblables à ce Léviathan « que vous aviez » formé pour se jouer dans les flots » sillonnent les eaux, « sans laisser plus de trace que l'aigle dans les nues ou le serpent » sur le rocher ».

» Jusques à quand, ô Maître des grandes eaux, souffrirez-vous ces prétentions usurpatrices ? Ce n'est pas de ce tyran sanguinaire que vous avez dit : « Je mettrai sa » main sur la mer » et sa droite sur les » fleuves. » C'est vous, l'Eternel, qui « étendez la main » sur la mer et » faites trembler les » royaumes ». C'est devant vous qu'elle s'enfuit en tremblant quand, au jour de votre colère, vous y jetez pêle-mêle « cavaliers et » chevaux, chars et » conducteurs ».

» Que dit aux vagues votre serviteur le vent du large, lui qui n'a qu'à souffler sur la mer pour détruire les armadas superbes ? Ne se rit-il pas des vains espoirs de ces pygmées — les surhommes teutons — comme il se riait jadis de la colère de Xerxès faisant donner à la mer trois cents coups de fouet ?

» L'Allemand, pas plus qu'aucun mortel, ne sera « le maître de la mer. » « Elle » est à vous, c'est vous qui l'avez faite. » Mais, par la malice des pirates, que d'affreux drames se sont déroulés ou se préparent! »

Où sont-ils, les marins sombrés dans les nuits
[noires ?
O flots, que vous savez de lugubres histoires,

PAUVRES ÉPAVES DE LA GUERRE

Flots profonds, redoutés des mères à genoux.
Vous vous les racontez en montant les marées
Et c'est ce qui vous fait ces voix désespérées
Que vous avez, le soir, quand vous venez vers
[nous.

Là-bas, à l'horizon que marque une ligne de brume, l'aumônier croit voir défiler la formidable et tragique escadre des navires coulés depuis deux ans : transatlantiques et cuirassés, vapeurs et voiliers, chalutiers et transports, barques de pêche et bâteaux-hôpitaux. Il imagine l'agonie des rescapés, soutenus par quelques débris ou accrochés un moment à une bouée, puis coulant à pic. Il pénètre par la pensée dans les profondeurs marines et veut visiter les sépultures des « péris en mer », comme il est venu ce soir s'agenouiller sur la tombe du petit zouave. Il les salue, enlisés dans les algues et les varechs, reposant parmi la flore mystérieuse des bas-fonds comme sur de splendides lits de parade, ces commandants intrépides restés les derniers à bord en criant : « En avant, marins de France! » ces matelots qui ont sombré au chant de la *Marseillaise*, ces passagers inoffensifs, ces femmes, ces enfants, victimes des barbares. Comme aux jours de « bénédiction de la mer », il trace sur les eaux un grand signe de croix, il bénit ces tombes que nul ami ne visitera, il remercie doucement ces héros, priant Dieu de les accueillir dans sa paix éternelle.

Et, tandis qu'il reprend son chemin dans la dune, les yeux toujours fixés sur l'immensité grise, ému des désastres passés, redoutant de nouveaux naufrages, le prêtre sent tout à coup descendre dans son âme une ineffable consolation. Une étoile s'est ouverte dans le ciel noir, comme une fleur d'espérance, et il a pensé à Celle qui est plus puissante que les engins meurtriers et qui peut assurer la route des mers. En égrenant son rosaire, il change, sans y penser, les pieuses formules et murmure à chaque pas: *Ave, maris Stella.....* *Ave, maris Stella.....*

ÉPILOGUE
Adieux à la Belgique

Dans les premiers jours d'octobre 1916, nous apprîmes que notre division allait être relevée et que, sous peu, nous quitterions la Belgique pour combattre dans la Somme. Avant de partir, le général demanda aux aumôniers de chanter, dans l'église de Coxyde, un service solennel pour nos morts. Il y assista avec tout son état-major, de nombreux officiers et beaucoup d'hommes.

Emouvante cérémonie! Que de sentiments se pressaient dans les cœurs!

Après six mois passés dans les dunes, nous étions faits à ce brumeux pays de Flandre. Nous y laissions des souvenirs et des amis. Nous y laissions surtout les amis chers entre tous, les compagnons d'armes qui, sur ce coin de Belgique libre et pour sa défense, sont tombés à nos côtés.

Leurs noms revenaient dans notre mémoire, leurs visages repassaient devant nos yeux. Certains d'entre eux avaient partagé notre vie, ses fatigues, ses souffrances, ses dangers, depuis deux ans de guerre. Que de fois ne nous étions-nous pas promis de célébrer ensemble la victoire tant désirée, de chanter le glorieux *Te Deum*. Et ils ne devaient pas contempler ici-bas les jours du triomphe. Nous allions les laisser sous la terre humide et froide, la terre hospitalière des alliés, mais qui n'est pas tout de même celle de la patrie. La division une fois partie, qui fleurira leurs tombes? Qui s'agenouillera, en murmurant une prière, sur le tertre qui les recouvre? Quels amis, en passant, rappelleront leurs noms, leur bravoure et les détails de leur mort héroïque?

Oh! le long sommeil qu'ils vont dormir dans le cimetière de Coxyde, à l'ombre du clocher; dans celui de Nieuport-ville, autour de la vieille église mutilée; dans les tombes d'Adinkerke; dans celles de Nieuport-bains où les berceront le murmure du flot et le vent du large! Comme il était doux à nos cœurs attristés de les confier à nos alliés belges dont la fidélité loyale nous est connue; plus doux encore à nos âmes chrétiennes de les laisser sous la protection de la croix qui ouvre au-dessus d'eux ses bras d'incomparable amie.

Demain, quand la victoire gonflera nos drapeaux, vos pauvres corps meurtris, camarades, continueront de se dissoudre dans la plaine flamande, mais vos âmes, en possession du bonheur céleste, vibreront et chanteront avec les nôtres le triomphe de la patrie. Vous tous qui avez été nos chers compagnons d'armes, morts de Belgique, morts de Verdun, c'est de votre sacrifice obscur que seront faites les prochaines apothéoses; c'est le don de vos vies qui a conservé la nôtre.

> Et si nous vivons sans remords,
> C'est parce que d'autres sont morts.

Si l'Yser continue d'être la barrière que l'ennemi ne franchira pas, le « fleuve de fer », selon l'étymologie flamande, c'est que vous avez su monter une garde vigilante.

Si la noble ville de Verdun a montré une vertu qui se rajeunit par ses blessures, *virescit vulnere virtus*, c'est vous qui lui avez communiqué une parcelle de ce sublime courage; c'est votre sang répandu qui a rajeuni sa force, qui rajeunit aussi la nôtre, qui fera refleurir demain, aux yeux de l'univers ébloui, une France nouvelle dont le radieux printemps se prépare dans la tourmente, le sang et les ruines.

Verdun! Yser! Grands noms, fiers souvenirs, invincible espérance.

TABLE DES MATIÈRES

11-17. — Imprimerie P. Feron-Vrau, 3 et 5, rue Bayard, Paris-8ᵉ.

Nouvelle Bibliothèque pour tous

COLLECTION DE ROMANS ET NOUVELLES

Ouvrages de PIERRE L'ERMITE

Restez chez vous! — La Grande Amie — L'Emprise — La Brisure — Le Grand Mufflo — Le Soc — Lisez-moi ça! — Toujours Elle!..... — Et de Quatre! — Et Ça! — Les deux Mains — La Trouée — Visions aiguës de guerre (13 volumes).

Ouvrages d'ERNEST DAUDET

Fils d'Émigré — Dans la Tourmente — Au temps de l'Empereur — En 1815 — Beau-Casque (5 volumes).

AUTEURS DIVERS

La Rançon de la gloire. — Dormilhouze-la-Jeune (2 volumes)	Léon Barracand.
Au Moulin de Virelune	Pierre Billaud.
La vraie Lumière	Henri Carrère.
Le Chardon bleu	Lucien Donel.
Les Prétendants de Claudette	A. Dourliac.
Après l'Option. — Au Drapeau! (2 volumes).	Roger Duguet.
Quand l'été s'annonce	Gustave Hue.
Saint-Exupère-les-Châsses	Frédéric Plessis.
Alain et Vanna	M. Reynès-Monlaur.
Sonnez encore!	J. Romain Le Monnier.
Alors ils le reconnurent	Joseph des Verrières.
Journal d'un Potache	Jean Vézère.
Quelques braves gens	Jean Viola.
Suzanne la Doctoresse	Charles de Vitis.
Suivez-moi! *Nouvelles choisies sur la vocation sacerdotale*	*Auteurs divers.*
Le meilleur Moment pour être prêtre, avec préface du chanoine Millot	*Auteurs divers.*
La meilleure Part Ici-bas (*Sur les vocations des religieuses.*)	*Auteurs divers.*

POUR LA JEUNESSE

L'Heure de Grâce. — La Révolte du Bronze (2 volumes)	Marie Affre.
Raoul du Vertfaucon. — Contes de la Cocarde blanche. — L'Héritage de l'oncle Corentin. — Les trois Filles de Messire Erembert (4 volumes)	Max Colomban.
La Colombe de Rudsay-Manor. — Sainte-Nitouche (2 volumes)	M. Delly.
Addi, la petite Caporale. — Au Temps jadis (2 volumes)	Charlotte Mayval.
L'Imagier du duc Jean. — L'Esclave blonde (2 volumes)	Nalim.
Francisco	Anne Rimac.

Chaque volume in-8°, 2 colonnes, papier glacé, nombreuses gravures: broché, 1 franc, port, 0 fr. 20; relié toile, 1 fr. 50, port, 0 fr. 35. — Ajouter à ces prix une majoration de 20 % pour les volumes brochés et de 33 % pour les volumes reliés.

5, RUE BAYARD, PARIS-VIIIᵉ, ET DANS TOUTES LES GARES